Ulrich Rausch

SEKTEN
99 Fragen

Medien Kontor
GmbH
Budapester Straße 40
10787 Berlin ■ Film- und
Tel. (030) 254 32 - 0 ■ Fernsehproduktion
Fax (030) 254 32 499 ■

WILHELM HEYNE VERLAG
MÜNCHEN

HEYNE SACHBUCH
19/677

Umwelthinweis:
Dieses Buch wurde auf chlor- und säurefreiem Papier gedruckt.

Originalausgabe 10/99
Copyright © 1999 by Wilhelm Heyne Verlag GmbH & Co. KG,
München
http://www.heyne.de
Printed in Germany 1999
Umschlaggestaltung: Atelier Bachmann & Seidel, Reischach
Satz: ew print & medien service gmbh, Würzburg
Druck und Verarbeitung: Ebner, Ulm

ISBN 3-453-15542-4

Meinen Eltern und Geschwistern

Inhaltsverzeichnis

Vorwort

»›Sekten sind die Sünden der Gesellschaft!‹ – Offensichtlich gibt es im Augenblick sehr viele Sünden!«[1]

Ungefähr 600 Sekten und sektenähnliche Gruppen sind im Augenblick im deutschsprachigen Raum aktiv. Neben einigen wenigen sehr großen Gruppierungen, die teilweise schon seit hundert Jahren in Deutschland vertreten sind, gibt es ungezählte kleine Gruppen, von denen die meisten in der Öffentlichkeit bisher kaum in Erscheinung getreten sind. Schätzungen gehen davon aus, daß über 1.000.000 Menschen, darunter Hunderttausende Kinder, Mitglied in den verschiedensten Sekten sind. Eine weitere Million Menschen sind durch Kurse und Produkte mit diesen in Kontakt gekommen. Fast täglich steigt die Mitgliederzahl, fast wöchentlich wird eine neue Gruppierung bekannt. Was muß heute, in einer Zeit, in der sich Sekten in Staat und Gesellschaft immer mehr ausbreiten, jeder über Sekten wissen?

Vor kurzer Zeit hatte ich ein aufschlußreiches Erlebnis bei einer Podiumsdiskussion: Neben Vertretern von Religionsgemeinschaften und Selbsthilfegruppen war auch eine Landtagspolitikerin der CDU dabei. In der Landtagsfraktion ist sie für »Sekten« zuständig. Auf die Frage aus dem Publikum, wie die Landes-CDU damit umgehe, daß ein CDU-Bürgermeister gegen geldwerte Leistungen (nicht zu seinem eigenen Wohl, sondern zum Wohle der Gemeinde) die Bebauungspläne in seinem Ort nach den Wünschen einer Sekte änderte[2], damit diese so bauen kann, wie sie will, antwortete die Politikerin: »*Bei diesem Fall habe ich auch Bauchschmerzen. Die Sektenproblematik ist das Bohren von dicken Brettern!«* Und schließlich würde man bei anderen Investoren manchmal die Bebauungspläne nach deren Wünschen ändern, wenn es der Gemeinde oder Stadt vorteilhaft erscheint.

Ich bin der Meinung, daß die Sektenfrage keine Frage von körperlichem Wohlbefinden und noch viel weniger eine Tischlerarbeit ist. Vielmehr ist sie in erster Linie eine Frage der Information, und dann eine Frage der sachlichen Abwägung. Nach einer solchen Überlegung bin ich zu der Überzeugung gekommen, daß der von der Sektenbeauftragten aufgestellte Vergleich, daß man mit Investoren in ähnlicher Weise verfahren würde, mehr als abenteuerlich ist – es ist geradezu eine Verharmlosung! In dem konkreten Fall hat sich der *Wolf* wohl schon ein Schafsfell übergezogen.

Im Gegensatz zu bisher auf dem Markt vorliegenden Publikationen über Sekten geht es nicht darum, einen kompletten Überblick über die Geschichte, alle Lehraspekte etc. von Einzelgruppen zu vermitteln. Meiner Einschätzung nach ist es unabdingbar, einen allgemeinen Überblick über den Weltanschauungsmarkt zu haben. Nur so ist es möglich, in der Begegnung mit einzelnen Gruppen deren Lehren und Praktiken richtig einzuschätzen.

Bei meinen Diskussionsveranstaltungen ist mir aufgefallen, daß immer wieder ähnliche Fragen gestellt werden. Ich habe die Fragen gesammelt, die Antworten stellen meiner Meinung nach ein Kompendium dessen dar, was heute jeder über Sekten wissen müßte.

So unterschiedlich wie die Fragen sind, so unterschiedlich sind auch die Antworten. Einige Fragen sind reine Informationsfragen, andere erwarten eine Bewertung, Einschätzung, meine persönliche Sichtweise von bestimmten Vorgängen und Zusammenhängen. Ich bitte dies bei der Lektüre zu berücksichtigen.

Ulrich Rausch

Lesehinweise

Dieses Buch muß man nicht von vorne nach hinten, Seite für Seite durchlesen. Wie Sie dem Inhaltsverzeichnis schon entnehmen konnten, werden im Buch die 99 am häufigsten gestellten Fragen beantwortet. Die Fragen sind dazu in fünf große Kapitel eingeteilt. Im ersten Kapitel (ab Seite 21) geht es allgemein um den Sektenbegriff, die Arbeitsweisen von Sekten und eine erste Einschätzung. Im zweiten Kapitel (ab Seite 79) geht es um einige ausgewählte Gruppen und Anschauungen. Hier werden jeweils sehr knapp die Lehren vorgestellt und eine Bewertung dieser Lehren, der Organisation oder der Folgen, die eine Mitgliedschaft bei der Gruppe nach sich ziehen können. Das dritte Kapitel (ab Seite 125) geht auf einige Fragen ein, die sich mit dem Schutz vor Machenschaften von Sekten beschäftigen. Wie man Menschen helfen kann, die in eine Sekte geraten sind oder die Angehörige in einer Sekte haben, das sind die Fragen des vierten Kapitels ab Seite 135. Und schließlich geht es in dem fünften Kapitel (ab Seite 153) um die Position, welche der Staat gegenüber Sekten einnehmen kann oder soll.

Die Antworten auf die Fragen sind in sich geschlossen, daß heißt, Sie müssen nicht alles gelesen haben, um eine bestimmte Antwort nachvollziehen zu können. Diese Konstruktion des Buches hat den »Nachteil«, daß bestimmte Informationen oder Bewertungen an verschiedenen Stellen des Buches mehrfach auftauchen. Da Sie aber unterschiedliche Möglichkeiten haben, aus diesem

Buch einen großen Nutzen zu ziehen, werden Sie diesen
»Nachteil« sicher tolerieren können.

- Wenn Sie aufgrund eines **aktuellen Anlasses** eine
  konkrete Frage haben, dann ist es möglich, nur die
  entsprechende Frage zu lesen. Gelegentlich finden
  sich in den Antworten Querverweise zu anderen Fragen, die ähnliche oder weitergehende Aspekte betrachten. Hier lohnt es sich weiterzulesen.
- Sie finden im Inhaltsverzeichnis Fragen, mit denen
  Sie sich auch schon beschäftigt haben. Vielleicht erhalten Sie dann durch meine Antworten neue **Gedan-
  kenanregungen**, weil Sie meinen Bewertungen zu-
  stimmen oder ihnen widersprechen möchten.
- Schließlich können Sie das Register am Ende des Buches nutzen, um an Hand der Stichworte zu entdecken, was Sie besonders interessieren könnte. So
  sind **dort alle Gruppen** aufgeführt, die in dem Buch
  genannt werden, auch wenn sie in den Fragen nicht
  ausdrücklich vorkommen.
- Die Kürze der Antworten bringt es mit sich, daß sicher nicht alle Aspekte in aller Ausführlichkeit behandelt werden. In dem umfangreichen **Literaturverzeichnis** finden sie weitere lesenswerte Literatur.
- Wenn Sie konkrete Beratung, Hilfe oder Begleitung
  suchen, finden Sie im Anhang ein nach Ländern und
  Telefonvorwahlen sortiertes **Adressenverzeichnis**. Sicher finden Sie auch eine Anlaufstelle in Ihrer Nähe,
  die Ihnen weiterhelfen kann.

Selbstverständlich können Sie das Buch auch ganz normal von der ersten bis zur letzten Seite durchlesen und
später die vielfältigen Lese- und Nachschlagmöglichkei-
ten nutzen.

1 Religion ist Privatsache – Warum muß man über »Sekten« in der Öffentlichkeit sprechen?

Natürlich ist Religion erst einmal Privatangelegenheit. Im deutschen Grundgesetz ist die Religionsfreiheit ein wesentlicher Bestandteil der Demokratie: Jeder und jede kann und soll das glauben, was er und sie für richtig erachten. Das bedeutet auch, daß man sich mit anderen Menschen zusammenschließen kann, um seine religiöse Überzeugung in Form von kultischen Handlungen auszuüben. Das muß auch so bleiben!

Trotzdem erscheint es sinnvoll, über Religionsgemeinschaften in der Öffentlichkeit zu diskutieren. Abgesehen davon, daß die Kirchen immer schon in der öffentlichen Diskussion standen und stehen, ist nicht einzusehen, warum andere Gruppierungen nicht auch kritisch betrachtet werden dürfen und sollen.

Die verschiedenen religiösen Gemeinschaften sind Bestandteil der Gesellschaft: Sie leben in ihr, sie werben um Anerkennung und Unterstützung der Gesellschaft, sie wollen öffentlich auftreten etc., kurz gesagt: sie sind *in* dieser Gesellschaft. Unter Umständen profitieren sie sogar von der Gesellschaft, indem sie finanzielle Unterstützung und Schutz bei der Ausübung der Religion erhalten, so wie die Gesellschaft unter Umständen auch von den religiösen Gruppen profitiert, indem sie sich an der Diskussion von gesellschaftsrelevanten Themen kritisch beteiligen. Diese wechselseitige Beziehung bedeutet aber auch, daß die Gesellschaft in einer kritischen Distanz zu den verschiedenen Religionsgemeinschaften steht. Die Gesellschaft nimmt für sich in Anspruch, die

Verhaltensweise, Organisationsstrukturen etc. kritisch zu
befragen. Ist die Lehre und Organisation mit den Grund-
zügen einer Demokratie kompatibel? Werden durch Lehre und/oder Organisation Kinder körperlich und/oder
psychisch gefährdet? Dies sind einige der Fragen, die
mit Recht auch in der Öffentlichkeit diskutiert werden.
Dahinter steht die Überzeugung, daß die Selbstbezeich-
nung »Religion« kein Freibrief für jede Verhaltensweise
und Denkweise darstellt.

2 Wie kann man über »Sekten« in der Öffentlichkeit sprechen?

Ein Leitsatz für die »Sekten-Diskussion« könnte sein,
nicht die Überzeugungen und den Glauben der Menschen zu bewerten, sondern »nur« die Handlungsweisen.
Wenn man diese zum Maßstab macht, dann respektiert
man einerseits die Glaubensfreiheit des einzelnen, ohne
daß man dadurch einen rechts- und kritikfreien Raum
schafft.

Organisationsform und Handlungsweisen der Religionen können unter dieser Prämisse weiter daraufhin
überprüft werden, ob sie mit dem Grundverständnis der
Demokratie und dem darin verwurzelten Menschenbild
in Einklang zu bringen sind, oder ob sie Menschen in ihrer körperlichen oder seelischen Gesundheit gefährden,
so daß der Staat warnend und in Einzelfällen auch schüt-
zend eingreifen muß.

Die Demokratie hält es aus, wenn nicht alle Gruppierungen 100%ig mit dem System der Demokratie und sei-

ner konkreten Erscheinungsform übereinstimmen. Sie läßt einen größtmöglichen Spielraum zu. Demokratiefeindlichkeit, Versuche, eine totalitäre Gottesherrschaft (Theokratie) anstelle der Demokratie zu errichten, oder die Gesellschaft an Schlüsselpositionen zu unterwandern, um sie so für die eigenen Ziele zu nutzen, dies alles wären Grenzüberschreitungen, die eine Demokratie auch unter dem Vorzeichen einer »Religion« nicht mehr dulden muß.

Ich persönlich gehe einen Schritt weiter: Wenn eine Religion eine besondere Unterstützung von der Gesellschaft erwartet – dies bezieht sich in der Regel auf finanzielle Unterstützungen –, dann hat die Gesellschaft das Recht zu prüfen, ob die Gruppe *demokratiekompatibel* ist. Ich erwarte nicht, daß eine *demokratiekompatible* Religion der verlängerte Arm des Staates ist, auch nicht, daß sie dem Staat gegenüber kritiklos ist. Aber ich habe große Bedenken, wenn eine Religionsgemeinschaft ihren Mitgliedern unter Strafandrohung verbietet, sich an Wahlen und anderen demokratischen Aktivitäten zu beteiligen. Auch die einseitige Nutzung der staatlichen sozialen Sicherungssysteme wie Renten-, Arbeitslosenversicherung etc., ohne daß man einen erkennbaren Beitrag zu dem sozialen Gefüge leistet, der über die engen Grenzen der Gruppe reicht, könnten als Ausbeutung der Demokratie bewertet werden.

WAS MAN ÜBER
SEKTEN WISSEN MUSS

Begriff

3
Was ist eine Sekte?

Der Sektenbegriff wird heute umgangssprachlich auf
ganz unterschiedliche Weise verwendet. Die Breite der
Bedeutung reicht von »Abspaltung von einer großen
Glaubenslehre«, dem Grad der Anerkennung einer Religionsgemeinschaft in einer Gesellschaft bis zu Definitionen, die die Gruppengröße als Maßstab verwenden.

Ich halte Definitionen, in denen festgelegt wird, daß
eine Sekte eine Gruppe sei *»die abseitige und/oder kultu-
rell fremde Ideen, die nicht vermittelbare Glaubenswelten
und Lebensorientierungen [...] fanatisch«*[3] vertritt, für un-
zureichend. Zum einen bewerten sie Glaubensansichten,
die sich einer objektiven Bewertung entziehen, zum anderen nehmen sie die eigenen Wertvorstellungen zum
Maßstab.

Ich plädiere dafür, eine handlungsorientierte Definition zu verwenden.

Ein solch ideologieneutraler Sektenbegriff läßt sich
sowohl auf religiös, politisch als auch psychologisch ak-
tive Gruppen anwenden. Von einer Sekte spricht man
dann, wenn es sich um eine Gruppe handelt, die mit dem
Versuch der *Manipulation*[4] arbeitet. Die Manipulation
muß dabei nicht als Einzelfall vorkommen, sondern sie
muß fester Bestandteil des Systems oder der Lehre sein.

Einige Erkennungszeichen für Manipulationsversuche sind unter anderem:

a) *Eindeutige Unterscheidung zwischen Gut und Böse*

In der Vorstellung der Menschen gibt es eine eindeutige Unterscheidung zwischen Gut und Böse. Eine Abstufung oder Schattierung ist dabei nicht vorgesehen. Die ganze Welt wird in dieses Schwarz-Weiß-Schema eingeteilt: diejenigen, die zur Gruppe gehören, sind die Guten, die anderen sind die Bösen. Jedes Mitglied muß diese vorgegebene Unterscheidung akzeptieren, muß ein Freund-/Feind-Denken kultivieren.

b) *Verbot von interner Kritik*

Die Anhänger werden immer wieder darauf hingewiesen, wie gefährlich »selbständiges Denken« sei. Kritik an der Organisation, an den Führern oder an Teilen der Lehre, selbst wenn sie berechtigt sein sollte, wird nicht geduldet, unter Umständen sogar unter Strafe gestellt. Da die Mitglieder in der Regel einer internen Gerichtsbarkeit unterstehen, können einige von ihnen als abschreckendes Beispiel zum Schweigen gebracht werden. Ziel ist es hierbei, kritische Anfragen, die die Lehre oder die Organisationsform betreffen, aus der Gruppe fernzuhalten.

Einige Gruppen haben eine interne Überwachung eingerichtet: Jedes Mitglied ist verpflichtet, Verfehlungen von anderen Mitgliedern zu melden, um sicherzustellen, daß kein »falsches Gedankengut« in die Gruppe gelangt. Sollte jemand Kenntnis von einer Verfehlung erhalten und diese nicht weitermelden, dann muß er damit rechnen, ebenfalls belangt zu werden.

c) *Existenzberechtigung*

Die Gruppe oder die Leitung bestimmt, wann ein Mensch eine (geistliche) Existenzberechtigung hat. Alle, die diesen Kriterien nicht entsprechen, werden bestraft, damit sie sich bessern. Ist dies nicht zu erwarten, werden sie ausgeschlossen. Wenn ein Mensch seine Heilsgewißheit verwirkt hat, dann hat dies nicht nur persönliche Konsequenzen für ihn: Von der Gruppe wird erwartet, daß sie keinen oder nur noch eingeschränkten Kontakt mit dem ehemaligen Mitglied unterhält.

d) *Versuch der absoluten Innengerichtetheit*

Infolge der eindeutigen Unterscheidung von Gut–Böse sehen sich die Mitglieder als Auserwählte. Den restlichen Teil der Welt versucht man zu missionieren. In der übrigen Zeit bewegt man sich lieber nur noch unter Gleichgesinnten. In der Konsequenz dieser Innengerichtetheit kann es zu Spaltungen von Familien kommen, wenn nicht alle Mitglied der Sekte werden. Der Abbruch der sozialen Brücken zu denen, die nicht die gleiche Überzeugung haben, beschränkt die Kontakte immer mehr auf die Gruppe selbst.

e) *Isolation von externen Kritikern*

Wie oben schon deutlich wurde, empfinden die meisten Sekten Kritik als Bedrohung. Externe Kritiker werden deshalb in der Regel denunziert, um sicherzustellen, daß sie in den Augen der Mitglieder und/oder der Öffentlichkeit unglaubwürdig sind, so daß man sich nicht näher mit den Argumenten und einzelnen Kritikpunkten auseinandersetzen muß.

f) *Tarnung der Aktivitäten*

Ein typisches Merkmal ist die Tarnung von Aktivitäten. Gerade dann, wenn die Gruppe befürchtet, daß

sie aufgrund ihres »schlechten Rufs« Nachteile erlei-
det, werden die Aktivitäten getarnt: Der Bio-Stand
auf dem Wochenmarkt ist dann nicht mehr als Sek-
tenunternehmen zu erkennen, die teuren Management-
Kurse werden scheinbar von neutralen Anbietern ver-
anstaltet, obwohl dort in erster Linie Gedankengut
einer Sekte verbreitet wird.

Zwei unterschiedliche Ziele können die Tarnun-
gen bezwecken: a) Der negative Sektenname soll den
Erfolg der wirtschaftlichen Unternehmungen nicht
beeinträchtigen. In dem Wissen, daß heute ein großer
Teil der Konsumenten sich nicht nur überlegt, was
gekauft wird, sondern ebenso genau reflektiert, bei
welchem Anbieter gekauft wird, sieht man einen Vorteil darin, ein Produkt[5] und den Namen einer Glaubensgemeinschaft nicht in einen direkten Zusammenhang zu setzen. b) Unter Umständen verspricht man
sich, auf diesem Weg auch neue Interessenten für die
Glaubensgemeinschaft zu werben, die über eine direkte Werbung nicht erreichbar wären. Der Apfel, der
gut schmeckt und gesund ist, der Kurs, der erfolgreich beendet wurde, macht mit einer Philosophie
vertraut, die insgesamt sympathisch erscheint. Es ist
dann ein leichtes, behutsam für die weltanschaulichen Hintergründe zu werben, um so ein neues »Mitglied« zu fangen.

Der Religionswissenschaftler Thomas Kern hat
einmal in einem Vortrag den Verdacht geäußert, daß
der Bio- und Esoterik-Markt ganz bewußt von einigen Gruppen genutzt werde. Die Bio- und Esoterik-
welle, die eigentlich eine größere Pluralität und Toleranz propagieren würde, könnte als Andock-Stelle
von totalitären Gruppen mißbraucht werden.

g) *Manipulation der Fakten*

Immer dann, wenn die Sektenlehre mit den objektiven Tatsachen in Konflikt gerät, werden diese entweder verheimlicht, oder sie werden nur selektiv wiedergegeben, so daß das einzelne Mitglied sich keine eigene Meinung bilden kann. Ähnlich einem Zauberkünstler, der mit Tricks zu verblüffen weiß, die meistens enttäuschend sind, wenn man die Techniken und Kniffe kennt. Mit dem Ziel der Stabilisierung des Lehrgebäudes oder der Gruppe wenden manche Sekten ebenfalls Taschenspielertricks an, die nur schwer zu durchschauen sind.

Am Ende dieses Buches (siehe *Statt eines Nachwortes*, Seite 168) schildert ein Text auch aus der Sicht eines Sektenmitgliedes, in welche Zwangssituation man so geraten kann.

h) *Umgang mit der eigenen Geschichte*

Die eigene Geschichte wird dann sehr selektiv wahrgenommen, wenn man im Rückblick Teile erkennt, die heute als problematisch angesehen werden. So hat z. B. der Gründer Lehren vertreten, die heute als falsch gelten und deren Verbreitung mit der Exkommunikation bestraft wird. Solche Fakten werden entweder nicht wahrgenommen, oder es ist verboten, in der Geschichte der Gruppe Fehler zu entdecken: Die sekteninterne geschichtliche Entwicklung wird als ausschließlich positiv angesehen. Hinzu kommt eine Stilisierung der Führerpersönlichkeit, die frei von jedem Fehler war. Ziel ist es, einen unkritischen Umgang mit der Geschichte der Organisation zu erreichen.

Und wenn es unvermeidlich erscheint, gravierende Lehränderungen vorzunehmen, die mit der Tradition überhaupt nicht mehr zu vereinbaren sind, bei denen es nicht mehr möglich ist, eine Kontinuität zu behaupten, dann haben Sekten unterschiedliche Strategien entwickelt, wie sie die Neuausrichtung meistern können: a) Man bestreitet, daß die »alte Lehre« jemals »offizielle Lehre« war; es mag zwar sein, daß einige dies geglaubt haben, aber dies war nie verbindliche Lehre, die von der Organisation oder den Führern verbreitet wurde. b) Vielleicht sind die »alten Lehren« sogar von Irrlehrern verbreitet worden, die inzwischen die Gemeinschaft verlassen haben. Die Irrlehrer hatten nur das Ziel, die Gemeinschaft zu spalten, von dem rechten Weg abzubringen oder sie zu zerstören, indem sie falsche Lehren in Umlauf brachten. Nachdem dies nicht gelungen ist, haben sie als Konsequenz die Gemeinschaft verlassen oder sind ausgeschlossen worden. c) Es hat eine neue Offenbarung gegeben, so daß man jetzt erst in den Besitz der vollen Wahrheit gekommen ist.[6] Es wird einen Grund gegeben haben, warum Gott bis zu diesem Augenblick den Weg gegangen ist, vielleicht wollte er auf diese Weise die Menschen prüfen, oder er wollte so die Menschen ganz langsam an die ganze Wahrheit gewöhnen. Auf jeden Fall ist es jetzt wichtig, der neuen Lehre zu folgen und nicht mehr zurückzuschauen.

Verbunden mit solchen Lehränderungen[7] ist meist die Warnung, nicht selber eine Lehränderung herbeizuführen. Es ist ungehorsam, wenn man gegen traditionelle Lehren argumentiert und meint, die besseren Gründe für eine neue Lehre zu haben. Ein solcher Ungehorsam, solch eigenständiges Denken müßte sonst bestraft werden und würde schwere Konse-

quenzen nach sich ziehen. Gott, sein Prophet/seine
Prophetin, der Guru oder die Führungsgruppe werden
schon zur richtigen Zeit sagen, was zu sagen nötig ist.

Schließlich ist die mangelnde Toleranz gegenüber anderen Meinungen ebenfalls sehr häufig bei Sekten vorzu-
finden. Innerhalb der Gruppierung sind keine unterschiedlichen Meinungen denkbar, und andersartige Meinungen außerhalb der Gruppe müssen bekehrt oder
bekämpft werden.

4 Warum nimmt man den negativ belasteten Begriff »Sekte«?

Die Enquete-Kommission »Sogenannte Sekten und Psychogruppen«, die 1996 vom Deutschen Bundestag eingesetzt wurde, hat in ihrem Endbericht den Vorschlag
gemacht, den Begriff »Sekte« zumindest im staatlichen
und gesetzlichen Kontext nicht mehr zu verwenden.[8]
Der Begriff sei negativ vorbelastet und zu wenig diffe-
renziert, so daß eine neue Formulierung verwendet werden sollte.

Es ist sicher richtig, daß der Sektenbegriff durch eine
jahrtausendelange Religionsgeschichte eine Prägung erhalten hat, die heute nicht mehr ausreicht. Deshalb ist in
den letzten Jahren mit verschiedenen anderen Begriffen
operiert worden: destruktive Kulte, Jugendreligionen
etc. Aber diese Begriffe haben sich weder in den öffentlichen Diskussionen durchsetzen können noch beschreiben sie absolut präzise, welche Gruppen darunter zu ver-

stehen sind. Ich persönlich bezweifele, ob der Vorschlag der Enquete-Kommission sich durchsetzen wird. Sie schlägt den Begriff *»Neue religiöse und ideologische Gemeinschaften und Psychogruppen«* vor. Abgesehen davon, daß der Begriff an sich sehr umständlich ist, ergibt sich die Frage, ob er wesentlich präziser ist. Kann eine Gruppe, die seit über 100 Jahren in Deutschland aktiv ist, als eine *neue* religiöse Gruppe bezeichnet werden?

5 Gibt es kein besseres Wort als »Sekte«?

Ich plädiere dafür, den Begriff »Sekte« weiterzuverwenden. Er ist umgangssprachlich eingeführt und damit allgemein verständlich.[9] Allerdings sollte man immer deutlich machen, in welcher Weise man ihn versteht. Der oben vorgeschlagene handlungsorientierte Sektenbegriff ermöglicht eine ideologisch neutrale, aber doch präzise Beschreibung, was gemeint ist.

Jeder Versuch, einen neuen Begriff zu »erfinden«, muß sich an der »Benutzerfreundlichkeit« des Sektenbegriffs messen lassen.

Es ist zwar verständlich, daß die meisten Gruppen, die als Sekte gekennzeichnet werden, diesen Begriff als negative Klassifizierung ansehen und ihn deshalb ablehnen. Sie würden einen Begriff wie »Religionsgemeinschaft« oder »Kirche« bevorzugen, weil sie sich davon einen Image-Gewinn versprechen.

6 Was sind Endzeitsekten?

Endzeit-Sekten sind Gruppierungen, die davon ausgehen, daß das Ende der Welt zu einem bestimmten Zeitpunkt kommt. Aufgrund von Berechnungen oder göttlicher Offenbarung kennt die Gruppe den Termin des Endes. In einem blutigen Krieg oder einer atomaren Katastrophe wird die Erde bzw. die Menschheit vernichtet werden. Einzig die Auserwählten sollen die Vernichtung überleben, um danach in einem paradiesischen Zustand leben zu können.

Endzeit-Sekten treten verstärkt in Zeiten sozialer und wirtschaftlicher Krisen auf. Diese Krisen werden als Vorboten des Endes gedeutet. Die Kenntnis des (ungefähren) Enddatums motiviert die Mitglieder verstärkt, für ihren Glauben zu werben, weil sie davon überzeugt sind, daß man das Ende überleben kann – wenn man sich der richtigen Religion zuwendet.

Problematisch sind solche Gruppen meiner Meinung nach vor allem deshalb, weil die Gruppendynamik, gepaart mit der Überzeugung, daß das Ende unausweichlich ist, unter bestimmten Umständen zu Selbsttötungshandlungen führen kann. In den letzten 30 Jahren haben spektakuläre Massenselbstmorde immer wieder für Aufsehen gesorgt.

Die »Sonnentempler« oder »Heaven's Gate« sind einige der Gruppen, die in den letzten Jahren in diesem Zusammenhang in Erscheinung traten. Abgesehen von den Fällen, in denen nicht einwandfrei zu klären war, ob alle freiwillig in den Tod gegangen sind, gibt es bei den

Gruppen einige Gemeinsamkeiten: Fokussierung der Lehre auf das Ende; das Ende ist mit der Vernichtung der Feinde/Erde verbunden; totale Isolierung der Gruppe; Zusammenführung der Gruppe/der Auserwählten an einem geographischen Ort und ein Abhängigkeitsverhältnis zu einer Führungsperson/einer Leitungsgruppe.

Und selbst dann, wenn die Lehre und die Organisationsstruktur nicht zwingend dazu führen müssen, daß Menschen durch eine Selbsttötung das Ende der Welt vorwegnehmen oder einleiten, machen die oben genannten Gemeinsamkeiten das Gefährdungspotential auch bei den harmlosen Gruppen deutlich: die Erwerbsarbeit oder die Familie, die sich nicht bekehren ließ, sind zweitrangig, weil die kurze Zeit vor dem Ende noch zur massiven Mission genutzt werden kann; die Wirklichkeit wird nur noch sehr selektiv wahrgenommen, oder man vernachlässigt die persönlichen seelischen und/oder körperlichen Bedürfnisse in der Hoffnung, daß sich diese Probleme in der neuen Zeit von selber lösen.[10]

7 Was sind Jugendsekten/Jugendreligionen?

Vor ca. 20 Jahren hatten solche Sekten in Deutschland Konjunktur, die vor allem junge Menschen angesprochen haben. Durch alternative Lebensformen und ein harmonisches Gemeinschaftsleben in einer Gruppe waren sie für Jugendliche besonders anziehend.

In der Phase der Ablösung vom Elternhaus, die meist mit Konflikten und Krisen verbunden ist, übten Gruppen

wie »Familie der Liebe – Kinder Gottes«, »Ananda Mar-
ga« und viele andere eine besondere Anziehung aus,
weil sie einen Gegenentwurf zu den heimischen Erfahrungen boten. Teilweise aus Protest, teilweise um die
Sehnsucht nach persönlicher Ansprache und Harmonie
zu befriedigen, war man bereit, große Anstrengungen
auf sich zu nehmen: harte körperliche Arbeit, Trennung
von der Familie, Sichaussetzen eines Gruppendrucks,
absoluter Gehorsam gegenüber einem Guru, Arbeit in
fremden Ländern.

Die Jugendsekten bildeten mit ihren hohen ethisch-
moralischen Ansprüchen und dem Einsatz, den sie jedem
einzelnen Mitglied abforderten, einen Kontrast zu einer
Gesellschaft, in der vieles beliebig war. Der Lohn für
diese Mühen waren eine sinnvolle Ausrichtung auf ein
Ziel hin und die Gemeinschaft in einer sehr beziehungs-
reichen »Ersatzfamilie«.

Die Jugendsekten haben heute kaum noch eine Bedeutung. Die Gruppierungen aus der Zeit der Jugendsekten, die heute noch aktiv sind, haben sich in der Regel
auf eine neue Zielgruppe eingestellt, einige wenige distanzieren sich ausdrücklich von ihren ehemaligen Verhaltensweisen.

Im Zusammenhang mit den Jugendsekten ist auch das
Deprogramming (vergleiche dazu *Frage 24*, Seite 57) bekannt geworden. Verzweifelte Eltern suchten ihre Kinder
aus den Sekten zu befreien, indem sie mit Hilfe Dritter
die Gedankenwelt der Sekte aus ihren Kindern entfernen
wollten.

8 Was sind Neuoffenbarungs-Bewegungen?

Neuoffenbarungs-Bewegungen gehen davon aus, daß es eine neue Botschaft von Gott gibt. Diese wird durch einen Propheten/eine Prophetin übermittelt. Inhalt dieser Offenbarungen sind neue Lehraussagen bzw. konkrete Anweisungen, wie sich die Menschen verhalten sollen. Die prophetischen Aussagen reichen bis hin zu Vorschriften, wie man sich zu kleiden und was man zu essen und zu trinken hat. Auch Anweisungen über die Organisationsform der Gruppe werden durch das Prophetenwort legitimiert.

In den Fällen, in den traditionelle Lehren aufgenommen wurden, sind diese durch das Prophetenwort in entscheidenden Punkten verändert worden. Die Neuoffenbarungen verlangen absoluten Gehorsam, dürfen nicht kritisiert oder in Frage gestellt werden, weil sie von Gott selber stammen. Damit ist die Rolle und Position des Propheten/der Prophetin innerhalb der Gruppe unangreifbar. Und hier setzt dann auch – unabhängig von dem, was die verschiedenen Propheten und Prophetinnen lehren – die Hauptkritik an. Dadurch, daß die Lehren so umfassend und nicht hinterfragbar und unbezweifelbar sind, besteht immer die Gefahr, daß das einzelne Mitglied entmündigt wird. Es kann zwar eine allgemeine Entscheidung treffen, ob es dem prophetischen Wort folgen will, aber in dem Augenblick, in dem diese Entscheidung gefallen ist, ist man letztlich verpflichtet, dem Prophetenwort in allen Fragen zu folgen.

Besonders auf Neuoffenbarungs-Bewegungen scheint

die folgende alte Definition, was eine Sekte ist, zuzutreffen:

> ›Wenn man sich einer Sekte anschließt, so wird erwartet, daß man sich der Sekte gänzlich ergibt und nicht mehr sich selbst gehört. Die Sekte unterscheidet nun für ihn, was Wahrheit und Irrtum sei; und er muß, um ein wahres, zuverlässiges, treues Glied der Sekte zu sein, deren spätere wie frühere Entscheidungen über alle religiösen Fragen annehmen, seine eigene Meinung übersehen und persönliche Nachforschungen vermeiden, da er sonst an Erkenntnis wachsen und als Glied solcher Sekte verloren gehen könnte ... Diese Bande des Sektentums, weit davon entfernt, als das, was sie sind, als Fesseln und Ketten, angesehen zu werden, werden als ein Schmuck, als Ehrenzeichen und Ausweis von Charakterstärke betrachtet und getragen.‹[11]

Zu Schwierigkeiten kommt es in den Neuoffenbarungs-Bewegungen meistens dann, wenn Prophezeiungen nicht eintreffen oder wenn der Prophet/die Prophetin versterben oder die Gruppe verlassen und die Nachfolgefrage bzw. der Fortbestand der Gruppe gesichert werden muß.

9 Was sind Psychokulte?

Psychokulte sind Gruppen, die auf den ersten Blick nicht als Sekte eingestuft werden. Sie bieten auf dem freien Markt ihre Seminare und Fortbildungsveranstaltungen an. Sie versprechen, daß man bei ihnen zu einem erfolgreichen und glücklichen Leben geführt wird. Mit Hilfe von bestimmten Meditationsangeboten oder Managementtechniken sei es möglich, alle persönlichen Probleme zu beheben. Einige dieser Gruppen gehen einen Schritt weiter, indem sie behaupten, daß ihre Technik sogar in der Lage sei, alle Probleme der Erde wie Hunger, Krieg und Naturkatastrophen zu beseitigen. So sind gelegentlich Aussagen wie »Wenn nur 10% unsere Meditationstechnik jeden Tag 10 Minuten praktizieren, dann sind alle Probleme in einem Land beseitigt!« zu hören.

Durch ihr Angebot sprechen die Psychokulte Menschen an, die erfolgreich werden wollen oder die in einer aktuellen Lebenskrise sind und sich auf dem Psychomarkt nach Hilfsmöglichkeiten umsehen.

Die meisten Gruppen erwarten in der Regel von den »Kunden« »nur«, daß sie möglichst viele Kurse buchen und bezahlen. Bei einigen Gruppen ist es üblich, daß neue Interessenten durch eine Mund-zu-Mund-Propaganda angeworben werden.

Die Art, wie solche Gruppierungen arbeiten, ist je nach Zielgruppe sehr unterschiedlich. Während die einen den spirituellen Weg zum Glück anpreisen, präsentieren sich die anderen als eine von vielen Managementtechniken. Für Verbraucher ist es deshalb sehr schwierig, auf dem grauen Markt der Fort- und Weiterbildung den Überblick zu bewahren, um nicht zufällig in die Hände einer Sekte zu kommen.

Kritisch wird neben den teilweise zweifelhaften Methoden auch die Qualifizierung der Kursleiter gesehen. In den meisten Fällen sind sie kaum dazu geeignet, Menschen mit ernsthaften Probleme zu helfen oder auch nur zu erkennen, daß solche Probleme vorliegen. Es gibt deshalb Forderungen nach Mindesstandards in der Ausbildung von allen öffentlichen Anbietern von Fort- und

Weiterbildungskursen. Damit soll ausgeschlossen werden, daß eine rein sekteninterne Ausbildung ausreicht.

Umstritten ist die Frage, ob einige der sogenannten Strukturvertriebe auch zu den »Sekten« zählen. Diese Vertriebe werben nach dem Schneeball-Prinzip neue Kunden, mit der Aussicht auf unvorstellbar große Verdienstmöglichkeiten, wenn sie selber einen erheblichen finanziellen Beitrag leisten und ebenfalls eine bestimmte Anzahl von neuen Teilnehmern gewinnen. Teilnehmer von solchen Werbeveranstaltungen berichten, daß die sehr emotional inszenierten Veranstaltungen einen fast sektenhaften Charakter hätten: man fühlt sich als Teilnehmer einer religiösen Veranstaltung, die Führer werden umjubelt wie Stars, Gurus oder Götter, Kritik ist unerwünscht, Emotion und Begeisterung dagegen sehr. Und schließlich fühlen sich manche unter Druck gesetzt, in das »Spiel« einzusteigen.

10 Hat jede Sekte eine Leitungsperson (Propheten/Guru)?

Die Organisationsstrukturen von sogenannten Sekten sind ganz unterschiedlicher Natur. Einige Gruppen sind tatsächlich personenzentriert, daß heißt, daß eine Person im Mittelpunkt der Lehre steht, die dann in der Regel auch eine bestimmte Leitungsfunktion hat.

Besonders Neuoffenbarungs-Bewegungen sind dafür prädestiniert, weil der Prophet oder die Prophetin, der/die die neue Heilslehre verkündet, eine besondere Autorität verkörpert, die ihn/sie von allen anderen Menschen unterscheidet. Damit ist meist verknüpft, daß die Worte und Weisungen nicht bezweifelt werden dürfen, also Kritik, eigenständiges Denken oder von der Norm abweichende Verhaltensweisen nicht geduldet werden. Die Weisungen können bis in das Privatleben des einzelnen reichen, indem z.B. vorgegeben wird, was man essen und trinken darf oder welcher Partner geheiratet werden muß.

Der ›Vorteil‹ einer solchen personenzentrierten Organisation besteht darin, daß es sehr leicht möglich ist, das Leben in der Gruppe zu vereinheitlichen und zu normieren. Die Stabilität der Gruppe ist durch die eine Person garantiert. Problematisch für die Gruppe selber ist, daß es zu Machtkämpfen innerhalb der Gruppe kommen kann bzw. daß mit dem Tod der Leitungsperson in der Nachfolgefrage solche Kämpfe entstehen können. Dies ist dann auch immer eine Bedrohung für die Gruppe, weil es zu Abspaltungen führen kann.

Die meisten Sekten, die heute im deutschsprachigen Raum aktiv sind, haben jedoch keine personenzentrierte Leitungsstruktur, sondern bei ihnen übernimmt ein Gremium die Führungsaufgaben.

11 Warum kommen die meisten Sekten aus Amerika?

Im Augenblick kann man den Eindruck bekommen, daß die meisten Sekten, die in Deutschland aktiv sind, aus den USA stammen. Der Grund dafür ist historisch zu verstehen: Grundlage der amerikanischen Gesellschaft ist, daß jeder einzelne Mensch das Recht und die Verantwortung hat, sein Leben zu gestalten, glücklich zu werden. Die Aufgabe des Staates besteht darin, dafür zu sorgen, daß der größtmögliche Freiraum besteht, in dem der Mensch sein individuelles Glück suchen kann. Dies gilt selbstverständlich auch und im besonderen Maße für den Bereich des Glaubens und der Religion. »Anything goes«[12] ist vielleicht die Überschrift, die man über das religiöse Amerika schreiben könnte.[13]

Es ist leicht nachzuvollziehen, daß in einem solchen geistigen Klima eine Menge von religiösen Gruppen entstehen konnte. Einwanderer aus verschiedenen Kulturkreisen brachten unterschiedliche weltanschauliche Vorstellungen und Riten mit, im Zusammenleben fand ein kreativer Austausch statt, und damit wurde der Nährboden für eine Vielzahl von religiösen Neuschöpfungen gelegt.

Im Zeitalter der regelmäßigen Flüge ins Weltall, der elektronischen Kommunikation und kurz vor dem Versuch, einen Menschen zum Mars zu schicken, ist das Ergebnis dieser Entwicklung nicht mehr alleine auf den amerikanischen Kontinent beschränkt: Die modernen Massenkommunikationsmittel sorgen dafür, daß die neuen Sekten auch in die Länder gelangen, die traditionell stärker in einer bestimmten Konfession verwurzelt sind.

12 Welches ist die »wichtigste« Sekte in Deutschland?

»Wichtigkeit« ist ein sehr relativer Begriff. In der öffentlichen Diskussion ist im Augenblick sicher Scientology die »wichtigste« Sekte. Die Erfahrungen, die Kunden in

den Kursen und mit der Organisation gemacht haben, die
Strukturen und Ziele, die Methoden des Psychokultes
und schließlich der Umgang mit Geld und Macht haben
dazu geführt, daß Scientology in Deutschland die am
meisten diskutierte Sekte ist. In der Öffentlichkeit stellt
Scientology so etwas wie das Ur-Bild einer Sekte dar.
Ihre Wichtigkeit besteht auch darin, daß sie ein Prüfstein
für die Demokratie ist: An ihrem Beispiel läßt sich aus-
loten, wo ein Staat zum Schutz der Gesellschaft, der politischen Grundordnung und der Individuen eingreifen
muß, und ab welchem Punkt die Religionsfreiheit[14] beschränkt werden muß. Anders gesagt, wie weit ein Staat
bezüglich weltanschaulicher Überzeugungen, auch wenn
sie als konkrete Handlungskonzepte verstanden werden
(vergleiche dazu *Frage 67*, Seite 123), tolerant sein kann
und muß. Diese Auseinandersetzung ist immer auch eine
Anfrage an das Gemeinwesen, das sich selbst und seine
Prinzipien hinterfragen und öffentlich darüber Rechen-
schaft ablegen sollte.

So gesehen ist Scientology für Deutschland eine der
wichtigsten Sekten, auch wenn sie nur eine relativ geringe Mitgliederzahl hat.

13 Wieviel Sekten gibt es im Augenblick in Deutschland?

Darüber können nur Vermutungen angestellt werden.
Denn neben den bekannten »großen« Gruppierungen
wie Zeugen Jehovas, Scientology, Mormonen etc. existiert eine Vielzahl von kleinen – teilweise privat organi-

sierten, teilweise Abspaltungen von bekannten Sekten – Glaubensgemeinschaften, die kaum in der Öffentlichkeit auftauchen.

Schätzungen gehen davon aus, daß zwischen 100 und 600 Gruppierungen im Augenblick in Deutschland aktiv sind.

Aus den oben genannten Gründen ist es deshalb auch nicht möglich, eine verläßliche Angabe über die Gesamtzahl der Mitglieder zu machen. Für Deutschland nennen Schätzungen bis zu 2 Millionen Sympathisanten, darunter Hunderttausende Kinder und Jugendliche.

14 Sind die großen Kirchen nicht letztlich auch Sekten?

Nach dem klassischen Sektenbegriff, der eine Sekte als Abspaltung von einer Religion mit Sonderlehren bezeichnet, sind die großen christlichen Kirchen ebenfalls Sekten: Die ersten Christen waren eine jüdische Sekte, die konfessionellen Spaltungen haben ebenfalls für immer wieder neue Sekten gesorgt.

In der *Frage 3* (siehe Seite 22) habe ich begründet, warum ich einen handlungsorientierten Sektenbegriff vorschlage. Das Merkmal der Abspaltung von einer bekannten Religion würde dann nicht mehr ausreichen, um eine Sekte identifizieren zu können, sondern man benötigt einen Bewertungsmaßstab dafür, wie Systeme handeln.

So gesehen finden sich in den Kirchen vereinzelt auch Merkmale, die typisch für Sekten sind: Immer dann, wenn Kritik verboten oder ignoriert wird, wenn es zu Lehrbeanstandungsverfahren oder zu fundamentalistischen Engführungen in Lehre und Lebenspraxis kommt, besteht die Gefahr, daß sich sektenähnliche Tendenzen einnisten. Innerhalb der großen Kirchen gibt es sicher Gruppierungen, die sich auf einem sehr schmalen Weg zwischen »noch Kirche« und »schon Sekte« bewegen.

Meiner Einschätzung nach reicht es nicht aus, einzelne Merkmale einer Sekte in singulären Ereignissen festzustellen. Wesentliches Kriterium ist, daß das System mehrere sektentypische Merkmale aufweist und diese in ihrer Konsequenz auch gewollt sind.

15 Woran erkenne ich eine Sekte?

Wenn Sie meinem handlungsorientierten Sektenbegriff (siehe *Frage 3*, Seite 22) folgen, dann gibt es acht Indizien, an denen man Sekten erkennen kann:

- Eindeutige Unterscheidung zwischen Gut und Böse
- Isolation
- Einzigartigkeit
- Versuch der Manipulation der Gefühle, Gedanken und Handlungen
- Zu- oder Aberkennung der Existenzberechtigung
- Umgang mit internen und externen Kritikern
- Tarnung der geschäftlichen und religiösen Aktivitäten
- Mangelnde Toleranz gegenüber anderen Religionen und Weltanschauungen

Sollten mehrere dieser Kriterien auf eine Gruppe zutreffen, mit der Sie in Kontakt stehen, dann ist Vorsicht angesagt. Die staatlichen, kirchlichen oder freien Beratungsstellen sind in den meisten Fällen in der Lage, bei der Bewertung von Gruppen und Angeboten Hilfestellung zu leisten. Sinnvollerweise sollten Sie alle Ihnen zur Verfügung stehenden Informationen zu dem Beratungsgespräch mitbringen, um anhand der Materialien eine Bewertung vorzunehmen. Aber schon im Vorfeld kann man sich mit einigen wenigen Verhaltensmaßregeln (siehe ab *Frage 68*, Seite 126) wirkungsvoll vor unangenehmen Überraschungen schützen.

Ein Mitgliedsmagazin einer evangelischen Landeskirche hat im Herbst 1998 eine Checkliste veröffentlicht, in der 19 Punkte genannt werden, anhand derer man Sekten und Kulte erkennen kann.[15] Die Zusammenstellung versucht dabei Merkmale, Aussagen und Forderungen zusammenzufassen, die für Sekten und Kulte typisch sind. Einige der dort genannten Punkte sind:

- Schon der erste Kontakt mit der Gruppe eröffnet eine völlig neue Weltsicht.
- Das Weltbild ist verblüffend einfach und erklärt jedes Problem.
- Bei der Gruppe ist alles zu finden, was man bisher vergeblich gesucht hat.
- Die Gruppe will, daß alle »alten Beziehungen« abgebrochen werden, weil diese die eigene »Entwicklung« behindern.
- Die Gruppe grenzt sich von der übrigen Welt ab, beispielsweise durch Kleidung, Ernährungsanweisungen, eine eigene interne Sprache und Vorschriften, mit wem man noch in Beziehung stehen soll.
- Die Gruppe füllt die gesamte Freizeit mit Aufgaben.

Zum Beispiel durch: Verkauf/Weitergabe von Büchern und Zeitschriften; Werbung neuer Mitglieder; Absolvierung von Kursen; Meditation. Dabei sind die Erwartungen so hoch, daß man ihnen kaum gerecht werden kann. Immer dann, wenn man unter dem Soll bleibt, entstehen bei einem Schuldgefühle, noch nicht das für die Gruppe, den Guru oder die Errettung der Menschheit Bestmögliche getan hat.

- Kommen Zweifel auf, stellt sich eine versprochene »Heilung« nicht ein, sind die Mitglieder selber schuld, weil sie noch nicht genug geglaubt haben, weil ihr Einsatz zu gering war, oder weil sie sich nicht konsequent genug von den alten Verhaltensweisen und Beziehungen gelöst haben.

- Neu angeworbene Menschen sollen möglichst sofort Mitglied werden oder an weiteren Veranstaltungen teilnehmen.

- Es gibt kaum die Möglichkeit, sich in Ruhe ein Bild von der Gruppe zu machen. Ein nachdenklicher, prüfender Zugang zur Gruppe wird verhindert. Wenn man die Gruppe oder Mitglieder mit Kritikpunkten über die Gruppe, die man selber gehört oder gelesen hat, konfrontiert, weichen diese aus oder lehnen eine inhaltliche Auseinandersetzung darüber ab.

Auch bei dieser Aufzählung ist zu bedenken, daß nicht ein Punkt alleine ein untrügerisches Erkennungsmerkmal für eine Sekte ist.

Methoden

16 Isolieren Sekten ihre Mitglieder?

Ein wesentliches Merkmal fast aller Sekten ist der exklusive Anspruch, daß nur die Mitglieder dieser Gruppe Erlösung finden können. Man muß dazu Mitglied der Gruppe werden oder sich zumindest an die Regeln und Gesetze halten, die von der Gruppe vertreten werden. Die Mitgliedschaft besteht nicht nur aus einem formalen Beitritt, sondern erfordert auch den aktiven Einsatz für die und mit der Gruppe.

Aus diesem exklusiven Wahrheitsanspruch ergibt sich fast wie selbstverständlich, daß alle anderen Menschen verloren sind. Je nach Ausprägung der Lehre werden die Menschen außerhalb der Gruppe als mehr oder weniger gefährlich angesehen, weil sie sich der Wahrheit verschließen, weil sie einen anderen Weg gehen, oder aber auch, weil sie versuchen können, den »Weg zum Heil« der Mitglieder zu stören. In einem solchen fundamentalistischen Weltbild wird jede kritische Anfrage von außen als Angriff auf die Wahrheit gesehen. Um sich selber nicht in die Gefahr einer Versuchung zu bringen, werden Sektenmitglieder sich selber von den »Ungläubigen« fernhalten. Also muß man auf die oben gestellte Frage zuerst einmal antworten, daß die meisten Menschen, die in einer Sekte sind, sich selber isolieren, indem ein Teil der zwischenmenschlichen Kontakte aus ideologischen Gründen abgebrochen wird. Dies kann soweit führen, daß Kinder nicht mehr mit ihren Eltern sprechen, Frauen kaum noch zu ihren Männern Kontakt haben, weil sie als Ungläubige unter dem »Einfluß Satans« stehen. Dabei kann es zu tragischen Familienkonflikten kommen.

In einer Schrift der Zeugen Jehovas, die den Titel trägt »Das Geheimnis des Familienglücks«[16] heißt es, *»Eltern mögen es für nötig erachten«, mit einem rebellischen[17] Kind, wenn es volljährig ist, gemäß 2. Johannes 10 zu verfahren:»Nehmt es niemals in euer Haus auf, noch entbietet ihm einen Gruß.«* Auch wenn es schmerzlich wäre, so mit dem eigenen Kind umzugehen, wenn es volljährig ist, könnte es notwendig erscheinen, auf diese Weise die Familie reinzuerhalten.[18] Ich bin der Meinung, daß man aus einem solchen Text keinen »Trennungsbefehl« ableiten kann, aber andererseits muß man doch sehen, daß manche Leser, die ein rebellisches Kind zu Hause haben, vielleicht erst durch diesen Text auf die Idee kommen, daß man das Kind aus dem Haus wirft, wenn es volljährig ist. Und wenn diese Handlungsweise nicht im Sinne der Sektenführung wäre, dann vermisse ich nach diesem Text den Hinweis, daß man deutlich von einer solchen Verhaltensweise abrät und warnt. Ja vielleicht sich sogar von Menschen distanziert, die sich so verhalten.

Darüber hinaus muß man aber auch sagen, daß die meisten Sekten soziologisch gesehen einen Vorteil aus einer selbstgewählten Isolation ziehen. Dadurch wird verhindert, daß Kritik, kritische Anfragen oder unangenehme Hintergrundinformationen in die Gruppe getragen werden. Die meisten sektenähnlichen Gruppen sind autoritär geführt, die Weisungen, was man zu glauben und zu tun hat, werden von oben nach unten weitergegeben. Eine Diskussion oder gar Kritik daran ist mit der Heilsvorstellung der Gruppe nicht vereinbar. Die Auto-Isolation verhindert weitestgehend, daß es zu kritischen Anfragen kommt. Die Gruppe stabilisiert sich nach innen dadurch, daß sie sich von der Außenwelt abtrennt. Daß dies bei den meisten Gruppen gewünscht ist, kann man daran erkennen, wie sie mit internen Kritikern umgehen. In den meisten Fällen versucht man sie zuerst mundtot zu machen, und wenn dies nicht gelingt, werden sie schnell ausgeschlossen und stigmatisiert, damit die anderen Gruppenmitglieder möglichst keinen Kontakt mit ihnen aufnehmen.

Aus der Zeit der Jugendsekten ist bekannt, daß neue Mitglieder in der ersten Zeit systematisch aus ihrer ursprünglichen Umwelt entfremdet wurden. Sie wurden zu Kursen ins Ausland geschickt, sie bekamen Arbeitsaufträge in anderen Zweigstellen der Organisation, oder sie wurden in ein weit entferntes »Kloster« geschickt, um dort über ihr Leben und die neuen Lehren zu meditieren. Man wollte dadurch verhindern, daß die Einsteiger durch ihre Umwelt Zweifel an der Lehre oder Organisation bekommen. Dadurch, daß sie sich in der ersten Zeit nur unter ihresgleichen bewegten, wurde eine feste Identifikation mit der Gruppe geschaffen, die später auch Angriffen von außen standhalten konnte. Ein solches Verhalten ist heute eher die Ausnahme.

17 Mit welchen Tricks werben Sekten neue Mitglieder?

Der Begriff »Trick« erweckt den Eindruck, als hätten Sekten Patentrezepte, mit denen es ihnen gelingt, Menschen in ihren Bann zu ziehen. So einfach ist es leider oder Gott sei Dank nicht.

Trotzdem gibt es einige Übereinstimmungen, mit denen Sekten auf sich aufmerksam machen. Die meisten Gruppen schulen ihre Werber darauf, daß sie den potentiellen »Kunden« sehr gut zuhören, um dann zu zeigen, daß man genau das Gewünschte in dieser Gruppe erhalten kann. In einem internen Handbuch für ehrenamtliche Geistliche[19] von Scientology heißt es:

> »Wir können alles, was eine Person wünscht, von A–Z in Ordnung bringen. [...] was die Leute wollen, ist für sie real. [...] Die Umfrage offenbart, was die Öffentlichkeit WÜNSCHT. Sie passen Ihre Dienstleistungen dieser GEWÜNSCHTEN Sache an, werben dafür und verkaufen und liefern sie. Z.B. zeigt die Umfrage, daß die Leute ›Schnubbeldibupse‹ haben wollen. Sie stellen ihre Dienstleistungen so zusammen, daß ›Schnubbeldibupse‹ geliefert werden, sagen den Leuten, daß Sie ›Schnubbeldibupse‹ machen, werben dafür und verkaufen und liefern ›Schnubbeldibupse‹. [...] ›Die Scientology gibt Ihnen ›Schnubbeldibupse‹, das weiß doch jeder!‹ Die Reaktion wird phantastisch sein.«

In dieser Anweisung für ehrenamtliche Geistliche wird deutlich, welche Strategie die Mitgliederwerbung hat: Hier bekommst du das, was du dringend brauchst.

Bei anderen Gruppen ist diese Kundenorientierung nicht so deutlich als Konzept formuliert, aber wenn man Heftchen verteilt, in denen es um Krankheit, Leid, Einsamkeit, Trennung etc. geht und versprochen wird, wie man dies alles überwinden kann, dann ist klar, auf welche Weise man neue Mitglieder werben will.

18 Welche Gründe haben Menschen, die in Sekten gehen? Sind sie psychisch krank?

Manchmal kann man den Eindruck gewinnen, daß Menschen, die in Sekten sind, krankhafte Personen sein müßten. Anders läßt es sich scheinbar nicht erklären, warum sie von heute auf morgen alle sozialen Kontakte abbrechen, warum die eigenen Kinder vernachlässigt werden oder warum sie auf einmal abstruse Theorien vertreten. Aber es wäre zu einfach zu sagen, daß Menschen, die sich von Sekten angezogen fühlen, psychisch krank sind. In den meisten Fällen wäre der Begriff der Krankheit sogar vollkommen unangebracht. Darüber hinaus taugt einen solche »Analyse« der Motive für die Frage, wie man mit der Sekten-Problematik umgehen soll, kaum. Zu vielfältig sind die Gründe für einen Sekten-Eintritt, zu unterschiedlich sind die Wege, die in eine Sekte führen können.

Allerdings ist es möglich, daß auch Menschen, die psychische Schäden haben, von Sekten angezogen werden. Immer dann, wenn eine Gruppe ein Bedürfnis befriedigt, was Ausdruck oder Ergebnis eines Defektes ist, kann es sein, daß Menschen mit dieser Fehlentwicklung in besonderer Weise von der Gruppe angezogen werden. Menschen, die sehr stark unter Weltverschwörungsängsten leiden oder sich ständig von geheimnisvollen Mächten verfolgt fühlen, die fühlen sich unter Umständen in einer Gruppe sehr wohl, die das (spirituelle) Rezept gegen die geheimen Mächte hat, oder die zumindest die Verschwörungstheorien unterstützt.

Aber genau hier setzt dann die Frage an, welchen Einfluß Sekten auf die psychische Gesundheit haben. Tragen sie zur psychischen Gesundheit oder eher zur psychischen Krankheit bei?

Offen ist im Augenblick noch die Frage, inwieweit Menschen durch die Mitgliedschaft psychisch krank werden. Das Problem liegt darin, daß man in den meisten Fällen nicht unterscheiden kann, ob eine psychische Beeinträchtigung durch die Mitgliedschaft in einer Sekte ausgelöst wurde oder ob sie bereits vorher vorhanden war. Sie ist dann durch die Mitgliedschaft unter Umständen »nur« in einer besonderen Form zu Tage getreten. Man wird hier wissenschaftliche Untersuchungen abwarten müssen, bevor man eine eindeutige Antwort erhält.

Darüber hinaus bin ich der Überzeugung, daß prinzipiell *jeder* Mensch offen für die unterschiedlichen Angebote von Sekten sein kann. Es muß nur der richtige Augenblick und das richtige Angebot sein – oder muß man besser sagen: der falsche Augenblick und das falsche Angebot? –, um selber Sekten attraktiv zu finden. In einer persönlichen Lebenskrise, in einer Phase, in der das Leben eine neue Orientierung bekommen soll, können die sozialen, psychologischen und die weltanschaulichen Angebote für Menschen attraktiv sein. Eines der einschneidenden Erlebnisse war für mich, als ich am Wiener Westbahnhof in einer Telefonzelle, die speziell auf die Bedürfnisse von Behinderten zugeschnitten war, eine Werbebroschüre einer Sekte fand. Wenn man das Telefonbuch aufblätterte, fand man eine Broschüre mit dem Titel »Wann wird alles Leid auf der Welt ein Ende haben?« Fachleute sprechen davon, daß Sekten Krisenreligion sein können: Wenn Menschen in eine Krise kommen, wenn ein naher Angehöriger stirbt, wenn die eigene Lebensplanung zerbricht, dann begeben sie sich auf die Suche nach neuen Orientierungen und Hilfe. Die meisten Sekten versprechen, daß mit ihrem Angebot alle Probleme über kurz oder lang beseitigt werden können. Besonders wenn die klassischen Hilfsangebote versagt haben, ist man bereit, etwas Neues auszuprobieren.

19 Spielen Drogen bei Sekten eine Rolle?

Unter Drogen versteht man natürliche und synthetische Substanzen mit psychoaktiver Wirkung. Sie können nach der Einnahme narkotisierende, euphorisierende oder halluzinogene Wirkungen haben und zu einer Abhängigkeit und/oder Veränderung der Persönlichkeit führen.

In einigen Religionen gibt es Rituale, bei denen Drogen zur Erreichung eines ekstatischen Zustandes benutzt werden. Ende der 70er Jahre wurden Drogen in der Annahme, daß damit eine Bewußtseinserweiterung erreicht oder die Kreativität gefördert werden könne, eingenommen.

Bekannt ist, daß der englische Okkultist und Satanist

Aleister Crowley (1875–1947) mit Drogen experimentierte. Im Augenblick spielen bei keiner der bekannten großen Sekten Drogen eine Rolle. Allerdings regt das Thema »Drogen« immer wieder auch weltanschauliche Gruppen dazu an, sich dazu zu äußeren.

Scientology hat ein eigenes Projekt namens »Narconon« gegründet, das in der Öffentlichkeit als Drogenentzugs-Programm vorgestellt wird. Dieses Anti-Drogen-Programm mache deutlich, wie man mit den Erkenntnissen von Scientology die gesellschaftlichen Probleme beseitigen könne.

So wird bei Narconon neben dem Drogenentzug und dem Entgiftungsprogramm ein Kurs zur Verbesserung des Lebens, ein Kurs zur Verbesserung der Kommunikation und der Wahrnehmung, ein Kurs über das Auf und Ab des Lebens, ein Kurs über persönliche Werte und Integrität, ein Kurs »Wie man die Zustände in seinem Leben verbessert« und schließlich der Kurs »Der Weg zum Glücklichsein« Bestandteil des Rehabilitationsprogramms.[20]

Die Europäische Arbeiterpartei (EAP) ist in den späten 80er Jahren warnend in der Öffentlichkeit aufgetreten. Drogen, Rockmusik, New Age und Okkultismus wurden als Bestandteil einer weltweiten Verschwörung gesehen, die sich quer durch die Geschichte ziehe. Die Drogenkartelle in Lateinamerika sind dabei Bestandteil eines Bedrohungs-Szenariums, das nur durch die Konzepte der EAP besiegt werden kann. Noch heute operiert die Gruppe unter dem Namen »Bürgerrechtsbewegung Solidarität«, den sie seit 1992 trägt, mit Wahlsprüchen, die ein Patentrezept für alle nationalen wie internationalen Probleme verspricht, bei politischen Wahlen.

20 Warum arbeiten Sekten gelegentlich unter verschiedenen Namen?

Der negative Sektenbegriff hat natürlich zur Folge, daß gelegentlich Sekten Teile ihrer Aktivitäten nicht unter dem Namen der Gruppe anbieten. Sie rechnen damit, daß, wenn z. B. bestimmte Management-Seminare oder Biostände auf den Wochenmärkten als Sektenunternehmung zu erkennen wären, die Verkaufschancen wesentlich geringer ausfielen. Ein neutraler Name ist Teil einer Werbestrategie, mit der man hofft, gute Geschäfte zu tätigen, und mit der es vielleicht sogar möglich ist, Interessierte vorsichtig an die Gruppe heranzuführen.

Gelegentlich geben sich Gruppen auch ganz neue Namen. Einige Beispiel dafür: aus den »Kindern Gottes« wird »Die Familie« aus dem »Heimholungswerk Jesu Christi« wird das »Universelle Leben«. Die Gründe für solche Umbenennungen können vielfältiger Natur sein. Einen Grund sehe ich darin, daß man einen alten, negativ belasteten Namen loswerden möchte, ein anderer könnte darin liegen, daß man durch den neuen Namen einen neuen oder wesentlichen Aspekt der Lehre hervorheben möchte. Es ist deshalb im Einzelfall genau zu prüfen, warum eine Gruppe ihren Namen geändert hat.

Mit Hilfe von phantasievollen Namen ist es möglich, alleine durch den Titel einer Unterorganisation, die meist als eigenständige Institution auftritt, eine scheinbare Nähe zu anerkannten staatlichen, wissenschaftlichen oder kulturellen Institutionen herzustellen.

Ein eindrucksvolles Beispiel für einen undurchschaubaren Namens-Wirrwar *einer* Gruppe wie auch für phan-

tasievolle Namen wird im »Lexikon der Sekten«[21] aufgeführt. Unter dem Stichwort Mun-Bewegung werden
folgende Organisationen und Unterorganisationen genannt:

CARP (College-Vereinigung
für die Erforschung von
Prinzipien)
MFT (Money Fundraising
Team)
IOWC (International One
World Crusade)
ISUM (International
Seminar on the Unification
Movement)
CAUSA (Confederation of
Associations for the Unity
of the Societies of the
Americas)
FGF (Forum für Geistige
Führung)
ISC (Internationaler
Sicherheitsrat)
IFVC (Föderation für Welt-
frieden und Vereinigung)
Forum Ost
Forum Österreich
Washington Institute
AULA (Vereinigung
für die Einheit
Lateinamerikas)
ACC (Amerikanischer
Verfassungsausschuß)
FFWF (Frauenföderation für
Weltfrieden)

Familienföderation für Welt-
frieden
Gipfelrat für Weltfrieden
Bürgerföderation für die
Vereinigung des Vaterlandes
IRF (Internationale
Religionsstiftung)
CWR (Rat für die Religionen
der Welt)
WAR (Versammlung der
Religionen der Welt)
FRW (Forum Religion und
Weltgestaltung)
RYS (Religiöser Jugend-
dienst)
YSWR (Jugendseminar über
Weltreligionen)
NEW ERA (Neue Öku-
menische Forschungs-
vereinigung)
ICC (Interkonfessionelle
Konferenz für Geistliche)
ICUS (Internationale
Konferenz über die Einheit
der Wissenschaften)
PWPA (Akademie der Pro-
fessoren für den Weltfrieden)
WRIST (Weltforschungs-
institut für Wissenschaft und
Technologie)

54

IRFF (Internationale Stiftung
für Hilfe und Freundschaft)
ICUSA (Internationale
Christen für Einheit und
soziale Aktion)
ICF (Internationale Kultur-
stiftung)
Little Angels

Universal Ballet Company
New York City Symphony
AAI (Internationaler Künst-
lerverband)
WCSF (World Culture and
Sports Festival)
Wonhwa-Do (Kampfsport)
Weltmedienverband.

21 Warum begehen Sektenmitglieder gelegentlich kollektiven Selbstmord?

Der Selbstmord der Gruppe »Heaven's Gate« (= Him-
melspforte) in den USA hat in den letzten Jahren für
Aufsehen gesorgt. Unter der Leitung eines charismatischen Führers wartete die Gruppe darauf, daß das Ende
der Welt kommt und sie von UFO's abgeholt werden.
Die Gruppe steht mit ihrem Massenselbstmord in einer
Reihe von Gruppen, die entweder durch den Tod das
Ende der Welt beschleunigen wollten oder aber dem
furchtbaren Weltende durch den eigenen Tod zu entgehen
hofften. So hatten auch die Sonnentempler durch zwei
kollektive Selbstmorde in der Schweiz und in Kanada in
den Jahren 1994 und 1995 in Frankreich für Aufsehen gesorgt. Sie hofften durch diese Tat auf den Planeten Sirius
zu gelangen. Bei den Sonnentemplern, die in der Schweiz
und in Kanada Selbstmord verübten, haben polizeiliche
Ermittlungen zu der Erkenntnis geführt, daß einige der
Opfer vermutlich umgebracht wurden. Der Massenselbstmord der Volkstempler in Guayana 1978, der gewaltsame
Tod von über 80 Erwachsenen und Kindern der radikalen

Endzeitsekte der Davidianer in Waco/Texas sind Ereignisse, die sich tief in das öffentliche Bewußtsein eingeprägt haben.

Gemeinsam ist allen Gruppen, daß sie hochgradig ideologisiert waren, daß die Gruppen und ihre Mitglieder relativ unbeobachtet von der Öffentlichkeit[22] lebten, daß es einen sehr starken Gruppenzusammenhalt gab und daß man eine sehr präzise Vorstellung hatte, wie und wann der Weltuntergang kommt. In der Hoffnung auf Errettung und auf ein besseres Leben danach nahmen sie den allgemeinen Akt des Weltuntergangs durch die individuelle Tat der Selbsttötung vorweg.

22 Was versteht man unter Sozialkontrolle?

Unter Sozialkontrolle bei einer Sekte versteht man, daß die Mitglieder sich gegenseitig kontrollieren, um auf diese Weise sicherzustellen, daß jeder und jede nur das Richtige tut, denkt und sagt.

In manchen Sekten werden die Mitglieder aufgefordert zu melden, wenn ein Mitglied etwas tut oder sagt, was nicht mit der Gruppennorm übereinstimmt. Ziel ist dabei, eine »heilige Reinheit« aufrechtzuerhalten, um sicherzustellen, daß keine falschen Gedanken in das System kommen. Umgeben von den Feinden der Gruppe oder den Feinden Gottes muß man sehr darauf achten, daß der Feind keine Angriffsflächen hat, daß er die Gruppe und die Gedanken der Menschen nicht unterwandern kann.

Aus Aussteigerberichten von Zeugen Jehovas ist bekannt, daß diese vor ihrem Ausstieg Angst davor hatten, mit dem Ehepartner über ihre Zweifel und Kritikpunkte zu sprechen, weil sie befürchteten, daß der Partner dies den Ältesten meldet. Diese würden dann ein »brüderliches Gespräch« mit dem Betreffenden führen, um ihn wieder zurechtzubringen[23]. Wenn er weiter auf seine Kritikpunkten bestand, konnte er eventuell bestraft werden, bis hin zum Ausschluß aus der Gemeinschaft.

23 Wenden Sekten »Love Bombing« an?

Unter »Love Bombing« versteht man die Phase, bei der ein potentiell neues Mitglied mit Liebe, Zuwendung und Aufmerksamkeit überschüttet wird. Es soll die Gruppe als besonders liebevoll und harmonisch erfahren, um so den Unterschied zu der bösen Außenwelt festzustellen. Durch die *Bombardierung mit Liebe* und Zuneigung soll der Interessierte zum einen die Gruppe als Alternative zu seinem bisherigen sozialen Umfeld erleben. Die Überschüttung mit Liebe macht natürlich zum anderen auch kritikunfähig. Die kleinen Schwächen, die vielleicht schon in der ersten Phase sichtbar werden, werden als kleineres Übel gesehen. Wenn man in die neu gefundene Gemeinschaft aufgenommen werden möchte, dann ist man bereit, auch manch häßliche Kröte zu schlucken.

In der Regel wird die Harmonie organisiert, d. h., die alten Mitglieder sorgen notfalls unter Zwang dafür, daß die »Liebe« in der Gruppe nach außen sichtbar wird. Auf das »Love Bombing« reagieren vor allem jene positiv, die den menschlichen Kontakt suchen, die Gemeinschaft.

24 Was ist Gehirnwäsche?

Mit Hilfe der Gehirnwäsche versucht man die Persönlichkeit einer Person zu zerstören, um sie dann, mit neuen Inhalten versehen, wieder aufzubauen. Durch Beeinflussung der Psyche und des Körpers soll die Widerstandskraft des Menschen gebrochen werden, um ihn für die neue Lehre vorzubereiten. Eine absolute und vorbehaltlose Identifikation mit der neuen Gruppe/dem neuen Meister etc. wird dabei angestrebt. Bestandteil der Gehirnwäsche (brainwashing) können unter anderem sein: Isolierung, Schlafentzug, Essensentzug, körperliche Bedrohung etc.

Vor allem in der Aussteiger-Literatur wird der Begriff der Gehirnwäsche nur sehr ungenau verwendet. Viele sprechen irrtümlicherweise schon dann von Gehirnwäsche, wenn sie sich in eine Zwangslage versetzt fühlten, in der sie nur noch im Sinne der Gruppe entscheiden konnten.

In den USA ist das Deprogramming als Gegenmittel gegen die Gehirnwäsche entwickelt worden. Damit versucht man, Sektenmitglieder gewaltsam aus der Gruppe herauszuholen.

Vor allem Eltern, die durch eine Sekte ihre Kinder

verloren haben, sehen in der Deprogrammierung die einzige Chance, daß ihre Kinder wieder »normal« werden. Das Verfahren ist deshalb umstritten, weil in der Regel die Klienten gegen ihren Willen festgehalten werden, um deprogrammiert zu werden. Das Verfahren stößt nicht nur wegen des Eingriffs in das Persönlichkeitsrecht – einem strafrechtlichen Tatbestand – auf Kritik, sondern auch, weil es eine religiöse Neuorientierung in der Zeit nach der Sekte erschwert. Schließlich kann es bei Nichtgelingen zu einem Vertrauensbruch kommen. Die Ideologie der Sekte erfährt damit noch einmal eine Bestätigung und Verfestigung.

25 Wie finanzieren sich Sekten?

Durch Spenden oder durch den Verkauf von Produkten finanzieren Sekten ihre Ausgaben. Die Art, wie die Mitglieder und Sympathisanten zu Spenden aufgefordert werden, ist ganz unterschiedlich. In einigen Gruppen werden die Mitglieder dazu angehalten, den Zehnt abzugeben, das bedeutet, 10% der monatlichen Einnahmen an die Gruppe abzuführen. Andere Gruppen lassen sich nur die in Anspruch genommenen Dienstleistungen, wie z. B. geistliche Beratung, bezahlen, wieder andere setzen bei den Spenden auf eine vollkommene Freiwilligkeit, das heißt, es ist in das Belieben des einzelnen gestellt, ob und wieviel er für die Gemeinschaft gibt.

Neben den regelmäßigen Kollekten gibt es auch Gruppen, die ihre Anhänger gezielt darauf hinweisen, daß man Immobilien, Lebensversicherungen, größere Geldbeträge schon zu Lebzeiten an die Gruppe überschreiben kann, damit diese nach dem Tod für die Ziele der Gruppe eingesetzt werden können. Dies kann dann zu Konflikten führen, wenn die Angehörigen keine Sektenmitglieder sind und das Gefühl haben, daß diese Schenkung nicht freiwillig erfolgt ist oder daß dadurch z. B. die »ungläubigen Kinder« enterbt werden sollen.

Bei den wirtschaftlichen Aktivitäten, wie etwa dem Verkauf von Büchern oder CD's, agiert die Gruppe als Wirtschaftsunternehmen, das aus den Gewinnen seinen Unterhalt bestreitet. In einigen Fällen werden die Mitglieder der Sekte aufgefordert, unentgeltlich in ihrer Freizeit in den Firmen der Sekte oder in Firmen, die Sektenmitgliedern gehören, zu arbeiten. Durch diese Tätigkeit soll die Ausbreitung des Werks in einer besonderen Weise unterstützt werden. Nicht in allen Fällen, in denen Mitglieder ehrenamtlich mitarbeiten, ist dann die Frage der Versicherung geklärt.

26 Wie gehen Sekten mit ehemaligen Mitgliedern um?

Die Art, wie Sekten mit Ehemaligen umgehen, ist ganz unterschiedlich: Einige Gruppierungen verlangen, daß jeglicher Kontakt mit dem Ehemaligen abgebrochen werden soll, weil er die Gemeinschaft verlassen hat oder weil er aus ihr entfernt wurde, andere haben mit ihm einen möglichst normalen Umgang.

Die Trennung von einer Gruppe wird von beiden Seiten meist sehr leidvoll erlebt: Diejenigen, die weiterhin bei der Gruppe bleiben, leiden darunter, daß einer die Gemeinschaft verlassen hat. Er hat damit die sichere Errettung verloren, denn nur als Mitglied der Gruppe konnte man diese erlangen. Es wird mit Nachdruck versucht, den Ehemaligen wieder in die Gruppe zu holen. Sollte dies nicht gelingen, kann dies zur endgültigen Trennung führen.

Der Ehemalige verliert durch die Trennung in den meisten Fällen sein komplettes soziales Umfeld. Während man in der Gruppe war, hatte man Außenkontakte nur, um zu missionieren. Die Beziehungen wurden vor allem innerhalb der Gruppe gepflegt. Durch die Trennung vereinsamt man. Es braucht Kraft und Zeit, um ein neues Sozialgefüge aufzubauen. Hinzu kommt, daß der Ehemalige erst wieder alltagstauglich werden muß. Durch die Einsätze zum Missionieren oder in einem der sekteneigenen Betriebe, die Vorbereitung auf die internen Veranstaltungen, Dienst in der eigenen Gemeinde etc. werden hohe Erwartungen an die Mitglieder gestellt. Ein Großteil der Freizeit wird für die Überzeugung eingesetzt. Nach dem Austritt fällt dies alles weg: Es macht sich ein Gefühl von Leere breit. *»Ich fühlte mich wie ein Astronaut, dem das Kabel zur Raumstation abgeschnitten wurde!«,* dies waren die Gefühle eines Mitglieds, nachdem es die Gemeinschaft verlassen hatte. Alltagstauglich werden heißt hier, die Frei-Zeit wieder sinnvoll zu nutzen.

Innerhalb einer Sekte entsteht meist eine Insider-Sprache, mit der sich die Mitglieder untereinander verständigen. Je länger man bei der Gruppe ist, je mehr man diese Sprache internalisiert hat, um so schwieriger wird es, später außerhalb der Gruppe in einer »normalen« Sprache zu sprechen. Die ganzen Sprachregeln und Muster, die in der Sekte verpflichtend waren, sind jetzt bedeutungslos geworden. Auch dies muß wieder neu gelernt werden.

27 Wie gehen Sekten mit Kritikern um?

Die Art, wie Sekten mit Kritikern umgehen, ist ebenfalls ganz unterschiedlich. Die Palette reicht von Ignorieren, über eine ernsthafte Diskussion bis hin zu Versuchen der Einschüchterung. Am Beispiel von Scientology kann gezeigt werden, welche extremen Vorschläge der Gründer L. Ron Hubbard machte, um mit Kritikern fertig zu werden. Die folgenden Textauszüge sprechen meiner Meinung nach für sich.

> »Diejenigen, die Scientology kritisieren oder abfällige Bemerkungen darüber machen, können einer eingehenden Überprüfung ihrer vergangenen Taten oder Absichten nicht standhalten. Das ist Gott sei Dank ein glücklicher Umstand für uns. Der Kriminelle scheut das Tageslicht. Und wir sind das Licht.
>
> Verstehen Sie diese Tatsache im technischen Sinn – nicht als hoffnungsvolle Idee. Wann immer wir den Hintergrund einer Kritik an der Scientology untersucht haben, fanden wir strafbare Handlungen, für die die Person oder Gruppe – gemäß den existierenden Gesetzen – hätte ins Gefängnis kommen können. Wir fanden niemals Kritiker der Scientology, die keine kriminelle Vergangenheit hatten. Immer und immer wieder beweisen wir das [...] Die Art, wie wir die jetzige Situation handhaben, ist die Einfachheit selbst – und wir werden gewinnen.

Langsam aber sicher erteilen wir den Gottlosen eine Lektion. Sie sieht so aus: ›Wir sind keine Vollzugsbehörde. Aber: wir interessieren uns für die strafbaren Handlungen jener Leute, die danach trachten, uns zu stoppen. Wenn sie sich der Scientology in den Weg stellen, werden wir sofort nach strafbaren Handlungen schauen – und werden sie finden und bloßlegen. Wenn sie uns aber in Ruhe lassen, werden auch wir sie in Ruhe lassen‹.

Das ist sehr einfach und leicht zu verstehen. Und hüten Sie sich davor, unsere Fähigkeit – das auch auszuführen – zu unterschätzen.« [24]

»Diskutieren Sie mit einem Kritiker niemals Scientology. Diskutieren Sie seine oder ihre Verbrechen, ob sie bekannt sind oder nicht. Und agieren Sie mit völliger Gewißheit, daß es diese Verbrechen gibt. Denn sie existieren.«[25]

»Falls wir von irgend jemandem oder irgend etwas oder irgendeiner Organisation an einem verwundbaren Punkt angegriffen werden, dann finden Sie genügend Drohmaterial gegen sie oder fabrizieren Sie es, um sie zu veranlassen, um Frieden zu bitten. [...] Verteidigen Sie sich niemals. Greifen Sie immer an.«[26]

»Sobald Dir jemand droht, gewinnst Du einen Scientologen oder mehrere Scientologen, um lautstark zu untersuchen. Du findest heraus, wo er oder sie gearbeitet hat, wer sein oder ihr Arzt ist, Zahnarzt, Freunde, Nachbarn, jeden rufst Du an und sagst, ich stelle im Falle von Herrn/Frau [...] Untersuchungen an, ob er/sie mit kriminellen Aktivitäten versucht hat, die Freiheit der Menschheit zu vermindern und meine Religionsfreiheit einzuschränken und die meiner Freunde, Kinder etc. Du betonst immer wieder, daß Du bereits einige erstaunliche Tatsachen beisammen hast etc. (benutze eine Verallgemeinerung) [...] Es macht nichts aus, wenn Du nicht viele Informationen erhältst. Sei nur geräuschvoll – es ist zunächst sehr komisch, funktioniert aber ganz phantastisch.«[27]

Kritiker werden mit Hunden verglichen, die vor ein fahrendes Auto springen:

»Es ist ziemlich schwer zu fahren, wenn einem ein Dutzend miese Köter unter die Räder geraten.«[28]

28 Weshalb finden Menschen Sekten so anziehend?

Drei große Felder lassen sich ausmachen, warum Menschen Sekten anziehend finden:

- die Suche nach Geborgenheit in einer Gemeinschaft von Gleichgesinnten
- die Suche nach einer überzeugenden Botschaft, für die ein Engagement sich lohnt, und
- die Suche nach einer Möglichkeit, seine eigene Existenz, sein eigenes Leben zu verbessern.

Mit ihren ganz unterschiedlichen Angeboten reagieren Sekten auf diese menschlichen Grundbedürfnisse. Immer dann, wenn ein Mensch das Gefühl hat, daß er in einem dieser Bereiche ein Defizit hat, das in seiner augenblicklichen Lebenssituation nicht (mehr) befriedigt werden kann und wenn der Leidensdruck groß genug ist, sucht er sich neu zu orientieren. Mit ganz unterschiedlichen Werbestrategien (siehe auch *Frage 17*, Seite 47) erreichen die Sekten eine ganz bestimmte Klientel.

Gruppen, die eine besondere Nähe der Mitglieder aufweisen, die sich sehr regelmäßig treffen, und die eine
sehr enge persönliche Beziehung untereinander pflegen,
diese Gruppen sind vor allem für Menschen interessant,
die die mitmenschliche Geborgenheit suchen. Gruppen,
die versprechen, das der einzelne sich durch Kurse,
Meditationsübungen oder durch geistliche Begleitung
selber vervollkommnen kann, die sind vor allem für
Menschen interessant, die die eigene Persönlichkeit
weiterentwikkeln wollen. Wird dies noch mit dem Versprechen verknüpft, daß man »erfolgreich« und »wohl-
habend« werden kann, dann sind Berufstätige ganz offenkundig die Zielgruppe. Endlich werden jene, die eine
sinnvolle Beschäftigung suchen, die ihre freie Zeit aus-
füllen wollen, von Gruppen in besonderer Weise angezogen, die Aktionen bieten.

Das oben Geschilderte ist das Modell, mit dem man
die Grundmotivationen erklären kann, warum bestimmte Menschen sich von bestimmten Gruppen angezogen
fühlen, während andere von der gleichen Gruppe eher
abgestoßen werden. Als Modell ist es kein reales Abbild
der Wirklichkeit, aber es kann eine Vorstellung davon
vermitteln, was in der Wirklichkeit abläuft. Es ist insofern nicht 100%ig real, weil die Such-und-Find-Bewe-
gung des Menschen nicht so monokausal[29] abläuft. Voraussetzung für die Konversion in eine Sekte ist die
Grunddisposition, dazu kommen weitere äußere Um-
stände, wie Krisen, Konflikte und Änderungen im persönlichen wie im beruflichen Lebensumfeld.

In den meisten Fällen ist dann nicht die Erfüllung eines Grundbedürfnisses entscheidend dafür, ob man sich
einer neuen Gruppe anschließt. Vielfältige Aspekte und
unreflektierte Grunde spielen eine ebenso große Rolle:

persönliche Sympathie zwischen Werber und Geworbenem, Sprache, soziales Umfeld etc. Aus alldem ergibt sich ein Motivations-Cocktail, der darüber entscheidet, ob man konvertiert[30] oder nicht.

Bewertung

29
Sind Sekten gefährlich?

Diese Frage zielt auf eine Bewertung ab. Die Gefahren, die von den verschiedenen Sekten ausgehen können, sind unterschiedlicher Natur. Bei einer Bewertung muß man verschiedene Aspekte betrachten: wie ist die Gruppe strukturiert, was sind die Hauptlehren, geht von der Organisation eine Gefahr für Leib und Leben aus?

Erst wenn man diese Fragen beantwortet hat, ist es möglich, die Gefährlichkeit zu beurteilen.

Für mich ist eine Sekte dann am gefährlichsten, wenn durch ihre Lehren das menschliche Leben bedroht wird. Dies kann dadurch geschehen, daß man sich einem sehr strengen Verhaltenskodex unterwerfen muß, der z. B. bestimmte lebensrettende medizinische Behandlungen untersagt. Zusammen mit einer totalen Verhaltenskontrolle und der Überzeugung, daß man nur auf diesem Weg Rettung erlangt, kann die Mitgliedschaft tatsächlich lebensgefährlich sein. Auch dann, wenn der einzelne seine Entscheidung als »persönliche Gewissensentscheidung« darstellt, sollte man nicht außer acht lassen, daß es zu dieser Entscheidung wahrscheinlich nicht kommen würde, wenn es die Sekte nicht gäbe. Kommt dann noch hinzu, daß die Gruppe jedem mit einer Strafe droht, der sich trotzdem behandeln läßt, dann liegt auf der Hand, daß man eine solche Gruppe wirklich nicht mehr als harmlos ansehen kann.

Ich möchte noch einen zusätzlichen Aspekt anführen: Die Zeugen Jehovas legen die Bibel so aus, daß es nach ihrem Verständnis ein Verstoß gegen das göttliche Gesetz ist, wenn man sich eine Bluttransfusion geben läßt. Das »Blutgenußverbot« hat für sie einen hohen Stellenwert. Mit einer von der Wachtturmgesellschaft gedruckten Patientenverfügung können sie Krankenhäusern, Rettungsdiensten und Ärzten eine Blutbehandlung untersagen. »Lieber jetzt sterben, und dafür im Paradies ewig leben«, so hat mir eine Zeugin Jehovas erklärt, warum sie die Patientenverfügung immer mit sich trägt. Bei erwachsenen Menschen wird man davon ausgehen müssen, daß sie ein so weitgehendes Selbstbestimmungsrecht über ihren Körper haben. Auch wenn ich der Meinung bin, daß die biblische Begründung falsch ist, und obwohl ich mir nicht sicher bin, inwieweit die Angst vor dem möglichen Gemeinschaftsausschluß motivierend wirkt, trete ich hier für das Selbstbestimmungsrecht des Erwachsenen ein. Aber dürfen Eltern darüber bestimmen, ob ihr Kind leben darf oder sterben muß? Ist die Verfügungsgewalt eines Menschen so weitgehend, daß er bestimmen darf, ob einem Schutzbefohlenen in einer lebensgefährlichen Situation lebensrettende Hilfe verweigert wird? Ich bin der Meinung, daß hier zumindest eine moralische Grenze überschritten wird: Kein Mensch kann darüber verfügen, ob ein anderer Mensch leben darf oder sterben muß. Eltern, die Zeugen Jehovas sind, tun dies aber, wenn sie für ihre Kinder schriftlich festlegen, daß diese ebenfalls keine Bluttransfusion bekommen. Mindestens aber bringen sie ihre Kinder in eine tödliche Gefahr! Unter dem

Mantel der Religion verbirgt sich hier eine lebensbe-
drohliche Einstellung.

So gesehen ist wohl verständlich, daß für mich die
Zeugen Jehovas eine der gefährlichsten Sekten sind!

30 Gibt es innerhalb der Kirchen auch Sekten?

In den großen Volkskirchen gibt es ein breites Spektrum
von unterschiedlichen Gruppen. In der Lebensweise wollen sie sich teilweise ganz bewußt von der anonymen
Kirche unterscheiden, in den Glaubensaussagen setzen
sie ganz eigene Schwerpunkte. So ist es nicht verwunderlich, daß sich auch in den Großkirchen Gruppierungen finden, die sektenähnliche Tendenzen aufweisen:
fundamentalistische Weltsicht, absolute Unterwerfung,
Tarnung der Aktivitäten und der Gruppe und mangelnde
Toleranz gegenüber anderen Überzeugungen.

Deshalb entdecken selbst einige kirchliche Sekten-
und Weltanschauungsbeauftragte bei Gruppen wie dem
Engelwerk (siehe *Frage 39*, Seite 82), dem Opus Dei und
einigen charismatischen Gruppierungen Tendenzen, die
man auch bei Sekten vorfinden kann.

31 Gibt es Sekten, die unter dem Vorwand der Religion ein wirtschaftliches Interesse haben?

Scientology ist unter anderem deshalb in die öffentliche Kritik geraten, weil man dort hinter der Fassade einer Religion ein wirtschaftliches Unternehmen vermutet. Es gibt zwar die Scientology Kirche, in der Geistliche wirken und religiöse Handlungen ausführen, aber die Frage ist, ob es sich um Fassade oder Wirklichkeit handelt.

In dem Vorwort zum Mitgliedschaftsvertrag von WISE[31], einer Scientology-Organisation, heißt es:

> »WISE ist eine nicht gewinnorientierte, religiöse Mitgliedschaftsorganisation, die mit dem Zweck gegründet wurde, alle Firmen, Freiberufler und Organisationen welcher Art auch immer zu verbinden, welche die Technologie von L. Ron Hubbard für administrative, geschäftliche und Verbesserungszwecke benutzen, um die religiösen Lehren von L. Ron Hubbard in der Gesellschaft zu verbreiten.«[32]

Wenn diese Definition für Scientology gilt, dann ist die Verbreitung von religiösen Ideen das Hauptinteresse. In anderen Texten von Scientology aber heißt es:

> »Der einzige Grund, aus dem es Org's [Organisationen] gibt, ist die Aufgabe, Materialien und Dienstleistungen [...] einzuholen, die man verkaufen und liefern kann. Die Zielsetzung ist der total befreite Kunde.«[33]

> »Die Umfrage offenbart, was die Öffentlichkeit wünscht. Sie passen ihre Dienstleistung dieser gewünschten Sache an, werben dafür und verkaufen und liefern sie. Z.B. zeigt die Umfrage, daß die Leute ›Schnubbeldibupse‹ haben wol-

len. Sie stellen ihre Dienstleistungen so zusammen, daß
›Schnubbeldibupse‹ geliefert werden, sagen den Leuten,
daß sie ›Schnubbeldibupse‹ machen, werben dafür und verkaufen und liefern ›Schnubbeldibupse‹. Die Reaktion wird
phantastisch sein.«[34]

Kundenwünsche und das Verkaufen stehen demnach im
Mittelpunkt. Der Gründer L. Ron Hubbard hat selber in
einer internen Schrift deutlich gemacht, warum er seine
Organisation als Religion verstanden wissen will:

»Das einzige, was uns interessiert, ist die Tatsache, daß Religion im Grunde eine philosophische Lehre ist. [...] Durch
die Vorläufer aller Zeiten vollkommen unterstützt, hat ein
Scientologe ein größeres Recht, sich einen Priester, einen
Geistlichen, einen Missionar, einen Doktor der Theologie,
einen Gesundbeter oder einen Prediger zu nennen, als ir-
gendein anderer Mensch, der die Insignien der Religion der
westlichen Welt trägt. [...] Es gibt viele, viele Gründe. Unter anderem gewährt eine Gesellschaft Männern der Kirche
Zugang, der anderen verwehrt wird. Gefängnisse, Kranken-
häuser und »psychiatrische« Institutionen und diejenigen,
die sie leiten, können gar nicht anders, als Männer der Kirche willkommen zu heißen.«[35]

Die Bezeichnung als Religionsgemeinschaft bringt vielfältige Vorteile: Neben der oben genannten gesellschaftlichen Akzeptanz und der verbesserten Möglichkeit zu
werben (missionieren), gibt es auch ganz handfeste Vorteile im Steuer- und Arbeitsrecht. So ist es verständlich,
daß nicht nur Scientology sich öffentlich lieber als Religion darstellt.

In Europa haben schon verschiedene Staaten entschieden, Scientology als Wirtschaftsunternehmen einzustu-
fen. Im April 1995 wurde den Scientologen in Dänemark
der Status einer Religionsgemeinschaft aberkannt. Die

Finanzbehörden überprüfen im Augenblick die Situation in der Europazentrale in Kopenhagen. In Spanien scheiterte 1990 der Versuch der Scientologen, per Gericht die Anerkennung als Religionsgemeinschaft zu erzwingen. Bundesdeutsche Gerichte haben verschiedentlich entschieden, daß die Organisationen von Scientology wie wirtschaftliche Unternehmungen zu behandeln sind.

32 Glauben die Sektenführer wirklich, was sie sagen?

Es gibt Fragen, die nicht zu beantworten sind. Dazu gehört auch diese, denn es ist nicht möglich, in einen Menschen hineinzuschauen, um zu erkennen, was er wirklich denkt.

Deshalb unterstelle ich jedem zuerst einmal, daß er das auch wirklich glaubt, was er öffentlich verkündigt.

Aber ich erlaube mir auch, sehr genau hinzuschauen, wenn es um die Handlungsweisen geht. Stehen diese im Einklang mit den Worten, oder läßt sich daraus ableiten, daß die Führer und Führerinnen von der eigenen Lehre selber nicht überzeugt sind?

In diesem Zusammenhang soll noch auf einen wichtigen Punkt hingewiesen werden: Manche (einfache) Sektenmitglieder fühlen sich in einer tragischen Zwangslage. Einerseits zweifeln sie an der Lehre und der Organisation, andererseits fürchten sie sich auch vor den Konsequenzen eines Ausstiegs. Wenn die ganze Familie, alle Freunde Mitglied der Gruppe sind, dann kann der Abschied aus der Gruppe die totale Vereinsamung be-

deuten. Niemand möchte mehr etwas mit dem »Abtrünnigen« zu tun haben. Selbst das leise Äußern von Zweifeln und Kritik kann weitreichende Konsequenzen haben.
In dieser Situation überlegen sich manche jahrelang, was
sie tun können. Letztlich gibt es nur zwei Alternativen:
das Spiel mitspielen, auch wenn es gegen die eigene
Überzeugung geht, oder der Abschied, koste es, was es
wolle. Ganz real wird die Angst vor der Trennung in
dem Augenblick, wenn klar ist, daß der Rest der Familie,
z. B. die Eltern, die Trennung unter keinen Umständen
akzeptieren werden. Die Androhung der Enterbung oder
die Kündigung der bisher kostenlosen Wohnung im Elternhaus können als wirtschaftliches Druckmittel erfahren werden. Es ist leicht nachvollziehbar, daß viele
diesen Schritt scheuen und somit letztlich ein System
stabilisieren, das sie eigentlich ablehnen.

33 Sind Sekten ein Phänomen unseres Jahrhunderts?

Nein, durch die ganze Religionsgeschichte ziehen sich
Sekten und religiöse Sondergruppen. Meist als Reaktion
auf Mißstände in der Gesellschaft oder in den religiösen
Gemeinschaften haben sich zu allen Zeiten immer wieder Sondergruppen herausgebildet.

Die Christen selber galten in den ersten Jahren als jüdische Sekte, und im Mittelalter (11./12. Jahrhundert bis
zum 15. Jahrhundert) gab es eine große Vielzahl von
Gruppen, die sich von der Kirche trennten oder von ihr
ausgeschlossen wurden.[36] Gruppen wie die Katharer,

Waldenser und die Bogomilen sind auch heute noch den Namen nach bekannt. Motive für die Entstehung von Sekten können sein:

- der Wunsch nach Reformation der Kirchenstrukturen
- der Wunsch, neue Lehrinhalte mit den traditionellen Lehren zu verbinden
- der Wunsch, das eigene Leben (in einer Gemeinschaft) radikal nach den eigenen Glaubensüberzeugungen auszurichten.

Sekten sind aber kein spezifisch christliches Phänomen, sondern sie finden sich in allen Religionen. Die Umgangsweise mit Sekten ist in den verschiedenen Religionen unterschiedlich: Während im Islam der Glaubensabfall mit drastischen Strafen bedroht wird, und somit Sekten kaum eine Überlebens- und Entwicklungschance haben, sind im Buddhismus und im Hinduismus Abspaltungen Ausdruck einer religiösen Vielfalt. Die christlichen Konfessionen reagieren unterschiedlich auf die Herausforderung durch Sondergruppen. Einige wurden als Reformbewegung in die Kirchen integriert, während andere aufgrund von unüberbrückbaren Lehrdifferenzen ausgeschlossen wurden.

Ein besonderes Phänomen unseres Jahrhunderts ist, daß die Gruppierungen heute mit einem relativ geringen Aufwand sehr schnell weltweit missionieren können. War zu früheren Zeiten der rein persönliche Kontakt der Grund für die langsame Ausbreitung bzw. für die ausschließlich regionale Bedeutung von einzelnen Gruppen, so ermöglichen es die modernen Informationstechnologien heute, multinational aktiv zu werden. Aus eher lokalen Bezugsgrößen können so sehr schnell multinationale »Religionskonzerne« werden.

Die »elektronischen Kirchen« (electronic church) in den USA sind ein Beispiel dafür, wie die modernen Kommunikationsmedien für die Missionierung genutzt werden können. Bereits in den 20er Jahren unseres Jahrhunderts begann man mit der Ausstrahlung von religiösen Sendungen. Im Laufe der Jahre entstanden so über 200 religiöse Fernseh- und über 1100 Radiostationen. Finanziert werden diese Sendungen durch die Spenden, zu denen kontinuierlich aufgerufen wird. Daneben geht es in erster Linie um die persönliche Bekehrung zu Jesus Christus, um die Erkenntnis des göttlichen Gesetzes oder um Wunder und Heilungen, die die Fernsehprediger vor laufender Kamera vollbringen.

Die Weltweite Kirche Gottes/Ambassador College (siehe auch *Frage 59*, Seite 113) war eine der ersten Sekten, die mit Printmedien und elektronischen Medien missionierte. Es gibt Schätzungen, daß heute in den USA ca. 40% der Fernsehhaushalte mindestens einmal im Monat eine religiöse Sendung (teilweise) sehen.[37]

34 Gibt es harmlose Sekten?

Ob eine Gruppe harmlos oder gefährlich ist, ist sehr von den Umständen abhängig. Oben (siehe *Frage 29*, Seite 66) wurde schon deutlich, wann eine Sekte objektiv gefährlich ist.

Man sollte aber immer im Auge behalten, daß die Persönlichkeitsstruktur des einzelnen Menschen ganz entscheidend ist. Für Menschen, die etwa unter Zwangsvorstellungen oder Ängsten leiden, ist eine Gruppe, die mit Verschwörungstheorien und Weltuntergangs-Szenarien arbeitet, gefährlich. Sie bestätigt und verstärkt unter Umständen das, was eigentlich einer medizinischen Behandlung bedürfte. Wenn dann innerhalb der Gruppe keine Sensibilität besteht, wie man auf solche Probleme hilfreich eingehen kann, und wenn man aus ideologischen Gründen nicht willens ist, Ärzte zu Rate zu ziehen, dann ist aus einer scheinbar harmlosen Gruppe eine gefährliche geworden.

Gerade in fundamentalistischen Gruppierungen besteht die Gefahr, daß psychische Erkrankungen dämonisiert werden, die mit Hilfe von Gebeten, Exorzismen etc. geheilt werden sollen. Das Gesundbeten als einzige Heilbehandlung erweist sich in vielen Fällen als gefährlicher Irrweg, weil dadurch die eigentliche Krankheit im besten Fall überdeckt, im schlechtesten Fall verstärkt wird, ohne daß es zu einer wirklichen Heilung kommt.

35 Warum haben die Sekten im Augenblick Zulauf, während die Kirchen Mitglieder verlieren?

Im Augenblick sind zwei unterschiedliche Tendenzen zu beobachten: Die Kirchen verlieren Mitglieder, und neue religiöse Gemeinschaften gewinnen neue Anhänger.

Den Mitgliederverlust alleine auf die Zahlung der Kirchensteuer zurückzuführen, wäre eine zu einfache Erklärung. Die meisten Sekten erwarten nämlich wesentlich höhere Leistungen an Geld und Engagement, als dies die Kirchen fordern. Entscheidender ist die Unzufriedenheit mit der eigenen Kirche, sowohl in der Gemeinde am Ort als auch mit der Kirchenleitung. Meistens steht die Kirche dann in der öffentlichen Diskussion, wenn irgendwelche Skandale oder Dummheiten der Kirchenleitungen publik werden. Dadurch verliert sie nicht nur an öffentlichem Ansehen, sondern die Bindung der eigenen Mitglieder wird immer schwächer. Wenn dann noch hinzukommt, daß in den persönlichen Glaubens- und Lebenskrisen die eigene Religion, die eigene Gemeinde keinen Halt und keine Unterstützung bietet, dann ist die Bereitschaft, andere Heilsangebote auszuprobieren, sehr viel größer.

Außerdem haben Sekten die Möglichkeit, auf unkonventionelle Weise zu werben. Aufgrund des Endzeitdrucks[38], der Überzeugung, daß man für eine gute Sache wirbt, oder der Möglichkeit, durch das persönliche Engagement in der Gruppe zu Ansehen zu gelangen, ist es leichter, die Mitglieder für eine personal- und zeitintensive Werbung zu motivieren. Alleine die Zeugen Jehovas werben in einem Jahr weltweit über eine Milliarde Stunden[39], indem sie von Haustür zu Haustür gehen oder an den Straßenecken ihre Zeitschriften anbieten. Umgerechnet auf die Weltbevölkerung bedeutet dies, daß pro Person pro Jahr über 15 Minuten Werbezeit zur Verfügung stehen. Eine Steigerung der Mitgliederzahl weltweit um über 3% im Jahr 1997 ist deshalb wenig verwunderlich.

36 Warum nimmt die Zahl der Sekten im Augenblick so stark zu?

In dieser Frage steckt die Behauptung, daß die Zahl der Sekten im Augenblick steigt. Es gibt aber keine nachprüfbaren Untersuchungen, die dies belegen.

Wenn man die gegenwärtige Weltanschauungsszene mit der in den letzten Jahrhunderten vergleicht, dann kann man jedoch tatsächlich den Eindruck gewinnen, daß die Zahl der Sekten zunimmt.

Was zweifelsfrei in den letzten Jahren gestiegen ist, ist die öffentliche Wahrnehmung. Kleine Religionsgemeinschaften und Sekten finden auf einmal ein öffentliches Interesse, Magazinsendungen und Talk-Shows machen Sekten zum Thema, so daß sie dort regelmäßig vorkommen. Auch Politiker und Parteien beginnen sich langsam – aufgeschreckt durch einige radikale Gruppen – für die Weltanschauungsfrage zu interessieren. Damit steigt das öffentliche Wissen über die Inhalte von einzelnen Gruppen wie auch das Wissen über die Gesamtzusammenhänge im ›religiösen Supermarkt‹[40].

37 Wird es mit der Jahrtausendwende neue, gefährliche Sekten geben?

Die Jahrtausendwende löst wieder eine Vielzahl von Endzeit-Prophezeiungen aus. Neben den klassischen Endzeitsekten – wie die Zeugen Jehovas – entstehen und entstanden eine Vielzahl von kleinen Gruppen neu, die das bevorstehende Ende der Welt verkündigen. Im Unterschied zu den Zeugen Jehovas, die seit neuestem kein konkretes Datum mehr nennen, sondern nur davon sprechen, daß »binnen kurzem« das Ende kommen wird, scheuen diese sich nicht davor, den konkreten Termin, teilweise auf den Tag genau, zu nennen.

Damit verbunden ist die Aufforderung, sich der Gruppe anzuschließen, da dies die einzige Möglichkeit sei, errettet zu werden. Die besondere Gefahr dieser Gruppen kann man beispielhaft an den Sonnentemplern ablesen: der Massenselbstmord als Vorwegnahme bzw. als Auslöser des Welt-Endes war die tödliche Konsequenz der Ideologie.

Wie bei der letzten Jahrtausendwende ist deshalb davon auszugehen, daß auch jetzt wieder neue Gruppen entstehen, die ihre Ideologie auf diese Jahreszahl beziehen. Die »Sonnentempler«, »Heaven's Gate« und die »Aum-Sekte« in Japan sind sicher nur die Vorläufer weiterer Endzeitsekten.

WAS MAN ÜBER BESTIMMTE GRUPPEN WISSEN MUSS

M e d i e n Kontor

Budapester Straße 40 ■ GmbH

10787 Berlin ■ Film- und

Tel. (030) 254 32 - 0 ■ Fernsehproduktion

Fax (030) 254 32 499 ■

Aufgrund der großen Zahl von Gruppen kann im Folgenden nur ein knapper Überblick über einige ausgewählte gegeben werden. Diese Übersicht kann und will keine Vollständigkeit für sich beanspruchen. Jene, die eine möglichst vollständige Übersicht suchen, werden auf die einschlägigen Nachschlagwerke verwiesen (ab Seite 171).

Die Auswahl erfolgte nach der Fragehäufigkeit bei Fort- und Weiterbildungsveranstaltungen.

38 Gibt es Sekten, die den Satanismus vertreten?

Der moderne Satanismus geht auf den Engländer Aleister Crowley (1875–1947) zurück, der mit sexualmagischen Ritualen die kosmische Energie im Menschen erfahrbar machen wollte. Crowley entwarf in seiner »gnostischen Messe« das Urbild einer schwarzen Messe. Bei dieser wird das bzw. der Böse als das oberste Prinzip anerkannt. In einer rituellen Handlung, die eine Pervertierung und Umkehrung der römischen Messefeier darstellt, wird die satanische Weltanschauung kultisch bestätigt. Eine schwarze Messe ist in ihrem Hauptteil eine Opferhandlung (z. B. können Tiere geopfert werden) und ein sexualmagisches Ritual. Durch die Wiederholung eines urreligiösen Geschlechtsaktes sollen kosmische Energien gewonnen werden. Dadurch kann der Mensch angeblich in sich das Göttliche erkennen und so seine Macht, seinen eigenen Willen grenzenlos ausdrücken. Im Gefolge von Crowley übernahmen verschiedene

Okkultorden, die in Deutschland eine verschwindend geringe Mitgliederzahl haben, die schriftlich niedergelegten Rituale. Dazu gehören unter anderem: O.T.O. (Ordo Templi Orientis), Fraternitas Saturni, die Gnostische Katholische Kirche und der Thelema-Orden. Aus Kalifornien stammt die Church of Satan von Anton La Vey (†1998), die in Aufbau und Organisation als Gegenkirche zu den christlichen Kirchen verstanden werden kann.

In der Öffentlichkeit ist der Satanismus aber durch eine andere Form wesentlich bekannter geworden: den Jugendsatanismus.

In einer synkretistischen[41] Form werden verschiedene Versatzstücke mit frei erfundenen Zeremonien kombiniert. Dabei werden Elemente aus verschiedenen magischen und satanischen Traditionen, wie z.B. dem Necronomicon, dem 6. und 7. Buch Mose oder der Satanischen Bibel, zu eigenen Ritualen zusammengestellt. Der Jugendsatanismus ist in der Regel nur auf lokaler Ebene, das heißt, in kleinen Gruppen innerhalb eines eng begrenzten Gebietes organisiert. Der Jugendsatanismus hat für besondere Aufmerksamkeit gesorgt, weil er sich gut für eine mediengerechte Darstellung eignet. Die gelegentlich erhobenen Vorwürfe, daß in Deutschland Kleinkinder für satanische Rituale geopfert wurden, und daß es geheime Gräberfelder mit Babyleichen geben soll, ist bisher noch nie gerichtsverwertbar bewiesen worden.

Gelegentlich wird aus fundamentalistisch-evangelikalen Kreisen der Vorwurf erhoben, daß die Rockmusik »Teufelszeug« sei. Durch die Rockmusik (siehe auch *Frage 48*, Seite 93), durch die Texte und die darin teilweise versteckten Botschaften sollen Jugendliche zu Satansanhängern gemacht werden.[42] Die in diesen Diskussionen vorgebrachten Argumente werden in den meisten Fällen weder den Anliegen der Musik noch deren Wirkweisen gerecht.

39 Was ist das Engelwerk?

Das Engelwerk (Opus Angelorum) hat seinen Ursprung in Offenbarungen der Österreicherin Gabriele Bitterlich (1896–1978). Es versteht sich als eine katholische Gemeinschaft von Klerikern und Laien, die die Verehrung von Engeln in den Mittelpunkt ihres religiösen Lebens gestellt haben. Sie beklagen, daß in der offiziellen Kirche die Engel eine immer geringere Rolle spielen. Die Zusammenarbeit der Menschen mit den Engeln zur Heilung der ganzen Schöpfung ist der Hauptauftrag, den das Engelwerk erfüllen will.

Es geht auf die Privatoffenbarungen der Gründerin zurück, in denen sie alle Einzelheiten über die Engel- und Dämonenwelt erfahren haben will. Im göttlichen Auftrag habe sie alles niedergeschrieben. Zu den wichtigsten Werken gehört das sogenannte Handbuch. Dieses Buch wurde lange Zeit geheimgehalten und ist nur durch einen Zufall an die Öffentlichkeit gelangt. In ihm werden sämtliche Engel samt Namen und Tätigkeitsfeld aufgeführt. Gleichzeitig werden alle Dämonen benannt und beschrieben. So gibt es z. B. Dämonen, die es besonders auf Priester, Klöster etc. abgesehen haben. Auch werden Orte, Pflanzen und Tiere genannt, die von Dämonen negativ bestrahlt sind. Von diesen sollte man sich möglichst fernhalten.

In dem Endkampf der Schöpfung unterstützen die Engel die Menschen gegen die dämonischen Kräfte. Die Engelweihe, die Sühnekommunion (möglichst mehrmals am Tag), Sühnebeichte und Sühnemesse sind Bestandteil dieses Kampfes.

Zum dem Opus Sanctorum Angulorum (OSA) gehören unter anderem: Orden der Regulakanoniker vom Heiligen Kreuz (OCR), Schutzengelbruderschaft und die Priestergemeinschaft im Engelwerk .

Wegen der Sonderlehren wurde das Engelwerk mehrmals kirchlich überprüft. Es wurden mehreren Auflagen verhängt, so darf z. B. das Handbuch nicht benutzt werden, und in einigen katholischen Diözesen ist ihm untersagt worden, in kirchlichen Räumen Exerzitien oder ähnliches zu halten. Aufgrund der Schriften und der religiösen Praxis muß man von einer sektiererhaften Gruppe am Rand der Kirche sprechen.

40 Was ist Landmark Education?

In den 70er Jahren wurde von dem Amerikaner Jack Rosenberg, der sich nach *Werner* Heisenberg und *Ludwig* Erhard, Werner Erhard nannte, das sogenannte EST – Erhard-Seminar-Training – gegründet. Unter dem Titel »60 Stunden, die Dein Leben verändern« wurden die Seminarteilnehmer an zwei Wochenenden einem Selbstfindungsprozeß unterworfen. Die Erfahrungsberichte von

ehemaligen Teilnehmern besagten, daß sie nach den Veranstaltungen unter Realitätsverlust litten und die bis zu
diesem Zeitpunkt bestehenden Beziehungen in eine Krise gerieten. 1984 wurde die EST in das »FORUM« um-
benannt, 1991 verkaufte Werner Erhard die Lizenzen an
seine Mitarbeiter, die unter dem Namen Landmark Education eine eigene Firma gründeten. Mit einem inhaltlich
wie auch zeitlich veränderten Trainingsprogramm wird
heute das FORUM angeboten: drei volle Tage, mit einem Marathonprogramm, und ein Abend sind die erste
Stufe. Ziel ist es dabei, den »Durchbruch« zu erreichen,
mit dem es möglich sein soll, neue Handlungsmöglich-
keiten zu entdecken, die eigene Zukunft unabhängig von
der Vergangenheit zu gestalten und so zu »Freude, Erfüllung, innerer Stille und Selbstausdruck« zu gelangen.
Der Mensch soll zum Herrn seiner eigenen Möglichkeiten werden.

Kritik erfährt das Training aus dem Kreis ehemaliger
Teilnehmer, weil die Seminartage zu einer körperlichen
wie psychischen Belastung werden können. Nach drei
mal 14 Stunden Seminartraining, das in der Regel an
aufeinanderfolgenden Tagen an einem Wochenende stattfindet, besteht die Gefahr, daß die Teilnehmer nicht mehr
zu einer kritischen Reflexion, was mit ihnen und in der
Gruppe passiert, in der Lage sind. Ein ehemaliger Teilnehmer vergleicht seine Erfahrungen mit einer Gehirnwäsche.[43]

Die Werbung von Landmark geschieht ausschließlich
durch Mund-zu-Mund-Propaganda: Die Teilnehmer eines Kurses sollen zum Abschlußabend einen Freund
oder Verwandten mitbringen. Dieser soll an dem Abend
dann dazu bewegt werden, ebenfalls ein Training zu buchen.

41 Sind alle fundamentalistischen Gruppen automatisch auch Sekten?

Der Begriff des Fundamentalismus wird heute nicht mehr ausschließlich auf religiöse Gruppen angewandt. Auch politische und gesellschaftliche Strömungen können eine fundamentalistische Ausrichtung erhalten.

Zum ersten Mal wurde der Begriff »Fundamentalismus« zu Beginn des 20. Jahrhunderts verwendet. In Amerika bezeichneten sich protestantische Christen, die sich gegen eine immer stärkere Ent-Christlichung der Gesellschaft wandten, selber als fundamentalistisch. Für sie war der Grund allen Übels der Abfall vom Glauben. Der religiöse Fundamentalismus wendet sich gegen jede Form der kritischen Auslegung der heiligen Schriften, gegen naturwissenschaftliche Erkenntnisse, die der Schöpfungsordnung widersprechen, gegen eine Ökumene mit anderen Religionsgemeinschaften und gegen jede Form des religiösen, kulturellen und politischen Liberalismus. Man sieht darin eine Gefährdung des überlieferten Glaubens. Der Fundamentalismus ist sowohl eine innere Geisteshaltung als auch eine Handlungsrichtlinie.

Der Grundwert, den man mit dem Fundamentalismus zu schützen sucht, muß perfekt bewahrt werden. Eine einmal festgelegte Definition darf unter keinen Umständen mehr verändert werden, weil man sich damit der Gefahr einer Beliebigkeit aussetzen würde. Um dieses Ziel zu erreichen, müssen Fundamentalisten das komplexe Weltbild durch ein einfaches, schlichtes Weltbild ersetzen. Und so versucht man auch mit teilweise sehr trivial erscheinenden Patentrezepten komplexe Probleme zu lö-

sen. Fundamentalisten drohen immer in einem Dogma-
tismus zu erstarren oder einem Fanatismus zu verfallen.
Und damit wird deutlich, daß fundamentalistische Gruppen, gleich ob religiöser oder gesellschaftlicher Ausprägung, immer in der Gefahr stehen, zu einer Sekte zu
werden. Wenn man die eigenen Wahrheiten bedroht sieht
und sich enger mit Gleichgesinnten zusammenschließen
will, dann können sektenähnliche Strukturen entstehen.
Das Engelwerk (siehe auch *Frage 39*, Seite 82), Priesterbruderschaft St. Pius X. (siehe auch *Frage 65*, Seite 120)
oder das Opus Dei sind Beispiele für einen solchen Pro-
zeß.

Ein moderner – nicht ausschließlich religiöser – Fun-
damentalismus-Begriff definiert heute den Fundamentalismus »als den letztlich zum Scheitern verurteilten Versuch, gewalttätig mit Methoden von gestern die Fragen
der Gegenwart zu beantworten«.[44]

42 Wer sind die Bahá'i?

Die Bahá'i-Religion stammt aus dem schiitischen Islam
und sieht sich selbst als universale Religion, die die Einheit der Menschheit und aller Religionen anstrebt. Grundlage der Religion ist das ›Kitab-al-Aqbas‹, das Mirza Hu-
sein Ali (1817–1892), genannt ›Baha'u'llah‹, verfaßt hat.

Grundgedanke ist, daß die bisher bestehenden Weltreligionen und deren Offenbarungen noch einer Vollen-
dung bedürfen. Die zwölf Grundprinzipien[45] der Lehre
sind:

1. Die gesamte Menschheit ist als Einheit zu betrachten.
2. Alle Menschen sollen die Wahrheit selbständig erforschen.
3. Alle Religionen haben eine gemeinsame Grundlage.
4. Die Religion muß die Ursache der Einigkeit und Eintracht der Menschen sein.
5. Die Religion muß mit Wissenschaft und Vernunft übereinstimmen.
6. Mann und Frau haben die gleichen Rechte.
7. Vorurteile jeglicher Art müssen abgelegt werden.
8. Der Weltfriede muß verwirklicht werden.
9. Gleiches Recht für Mann und Frau auch hinsichtlich der Erziehung und Ausbildung.
10. Die sozialen Fragen müssen gelöst werden.
11. Es muß eine Einheitssprache und Einheitsschrift eingeführt werden.
12. Es muß ein Weltschiedsgerichtshof eingesetzt werden.

Innerhalb der Bahá'i gibt es keine Dogmen, Rituale, Kulte oder Priester. Allerdings sind die Lehren von Baha' u'llah allgemeingültig. In der Überzeugung der Anhänger wäre die Welt ohne die Errichtung einer Theokratie verloren. Die Menschen befinden sich im Dunkeln, allein wenn sie die einzig wahre Botschaft Baha'u'llahs annehmen, können sie Heilsgewißheit erlangen. Ziel ist die Gewinnung aller Völker und die Errichtung einer Weltherrschaft. Eine gleichzeitige Mitgliedschaft in anderen Religionen ist ausgeschlossen, die Heirat eines Andersgläubigen ist möglich, allerdings sollte die Hochzeitszeremonie nach dem Bahá'i-Ritus erfolgen, und die Kinder sind im Bahá'i-Glauben zu erziehen. Für die Aufnahme in die Gemeinschaft sind keine Vorbedingungen zu erfüllen.

Zentrale der Bahá'i ist das aus neun Männern bestehende ›Universelle Haus der Gerechtigkeit‹[46]. In Glau-
bensfragen kommt ihm die absolute Vollmacht zu. Das
persönliche Leben eines Bahá'i ist bestimmt durch drei
tägliche Pflichtgebete, das Geben von Almosen, das Ein-
halten der Fastenzeit, dem Verzicht auf Alkohol und
Rauschmittel. Als besonders verdienstvoll wird eine Pil-
gerfahrt zu den heiligen Stätten der Bahá'i in Akko und
Haifa angesehen.

43 Sind die Mormonen eine Sekte?

Nach der klassischen Sekten-Definition, nach der eine
Sekte eine Abspaltung von einer bekannten Religion ist,
waren die Mormonen (Kirche Jesu Christi der Heiligen
der letzten Tage) eindeutig eine Sekte. Ihre Gemeinschaft ist auf die Neuoffenbarungen des Joseph Smith
(1805–1844) gegründet (siehe *Frage 53*, Seite 105). Mit
den Inhalten geht er weit über die christlichen Grundleh-
ren hinaus. So soll Jesus nach seinem Wirken in Jerusalem auch noch in den Vereinigen Staaten erschienen
sein, bevor er endgültig in den Himmel zurückkehrte,
und es existieren Tempelrituale wie die stellvertretende
Totentaufe, die als unchristliche Sonderlehre bezeichnet
werden müssen.

Aber auch nach einer handlungsorientierten Sekten-
Definition kann man die Mormonen als Sekte einstufen:
Mittelpunkt des religiösen Lebens sind die Tempelritua-
le[47] wie Totentaufe, Versiegelung, die erste und die zwei-

te Salbung. Hierbei werden die einzelnen Mitglieder auf das Jenseits vorbereitet, indem sie geheime Namen, Paßworte, Zeichen und Griffe[48] erfahren, die sie als »Ausweis« für das Jenseits benötigen. Was in dem Tempel passiert, unterliegt einer strengen Geheimhaltung. Man hat keine Chance, vorher zu erfahren, was dort eigentlich geschieht. Im Tempel verpflichtet man sich unter Androhung einer symbolischen Todesstrafe, mit niemandem über das Gesehene, Gehörte und Erlebte zu sprechen. Eine solche Arkandisziplin ist ein typisches Sektenmerkmal und verhindert darüber hinaus, daß man selbst intern an den Lehren oder Ritualen Kritik übt, weil man nichts darüber sagen darf.

44 Sind die Freimaurer eine Religionsgemeinschaft?

Für Außenstehende ist die Verschwiegenheit, mit der sich die Freimaurer umgeben, ein Hinweis auf eine sektenähnliche Organisation. In all ihren Schriften legen die Freimaurer immer sehr viel Wert darauf, daß sie weder eine religiöse Gemeinschaft noch eine Sekte sind. Keine Religion seien sie deswegen, weil sie religiöse Fragen nicht behandeln würden, ja innerhalb der geöffneten Loge[49] sind religiöse Fragen ausdrücklich verboten. Das Ziel der Freimaurerei sei, zur Vervollkommnung des Menschen beizutragen. Die Freimaurerei betreffe die rein diesseitigen Dinge-Religion, wäre aber vor allem auf das Jenseits angelegt. Jedoch wird nach den Alten Pflichten vorausgesetzt, daß ein Freimaurer kein fanatischer Gottesleugner sein könne, sondern daß er an ein höheres Wesen – den Großen Baumeister – glauben soll.

Bei den Aufnahmeritualen legt der Aufzunehmende seine Hand auf eine Bibel. Allerdings wird die Bibel nicht als religiöses Symbol verstanden, sondern sie soll nur ein allgemeines Sittengesetz darstellen, dem alle Menschen unterworfen sind. Deshalb wird in einigen freimaurerischen Systemen die Bibel auch durch ein weißes Buch ersetzt, während in anderen Logen bei Bedarf z. B. auch der Koran aufgelegt werden kann.

Die Frage ist, ob man die Selbstdarstellung der Freimaurer bezüglich der Religion teilt. Der explizite Ausschluß von jeglichen religiösen Themen aus dem gemeinsamen Treffen reicht mir als Argument nicht aus. Vielmehr deute ich die Aufnahme- und Beförderungsrituale[50] in allen Graden als sakramentale Handlungen, und die Tempelarbeit der verschiedenen Grade hat Ähnlichkeit mit gottesdienstlichen Feiern.

45 Was sind eigentlich die sogenannten Geheimbünde?

Der Begriff »Geheimbund« ist eine sehr ungenaue Sammelbezeichnung für sehr verschiedene Gruppierungen mit unterschiedlichen Lehrsystemen, Organisationsstrukturen, Praktiken und Ritualen. Die Gemeinsamkeit, die Gruppen wie die Freimauerer (siehe *Frage 44*, Seite 89), den Ku-Klux-Klan, die Rosenkreuzer und Templer etc. miteinander verbindet, ist die Geheimhaltung. Was sich innerhalb der Organisation abspielt, unterliegt in der Regel der strikten Verschwiegenheit. Meistens muß man bei dem Eintritt oder bei der feierlichen Aufnahme einen Eid darauf ablegen, daß man nichts von dem, was man innerhalb der Gruppe erfährt, Dritten bekannt macht. In einigen Geheimbünden gibt es auch eine interne Abschottung der verschiedenen Ebenen, so daß man in der Regel nichts über die darüberliegenden Ebenen erfährt.

Die meisten Geheimbünde sind von ihrem Ursprung her als Männerbünde entstanden, die in ihrem Aufbau eine pyramidenförmige Hierarchie aufweisen. Je nach dem Platz in der Hierarchie haben die Mitglieder eigene Namen, Erkennungszeichen, Rituale und »geheimes Wissen und Erkenntnisse«. Der Aufstieg in eine nächsthöhere Stufe setzt die Bewährung voraus.

Kriminelle und mafiose Gruppen haben Struktur, Erkennungszeichen und Paßworte von Geheimbünden kopiert, um so einen Zusammenhalt innerhalb der eigenen Gruppe zu gewährleisten.

46 Steckt hinter »Landmark Education« die Scientology-Organisation?

Immer wieder taucht das Gerücht auf, daß Landmark Education (siehe auch *Frage 40*, Seite 83) eine Tarnorganisation von Scientology sei. Und deshalb wird vor den Kursen gewarnt.

Gemeinsam ist beiden Organisationen, daß sowohl Scientology wie auch Landmark Education im Prinzip dieselbe Zielgruppe ansprechen: Menschen, die durch

Seminare ihre Persönlichkeit verändern, ihre Fähigkeiten verbessern wollen.

Dem Gründer der Vorläuferorganisation von Landmark, dem Erhard-Seminar-Training (EST), Jack Rosenberg, wird nachgesagt, daß er in den 70er Jahren Kontakt zu Scientology hatte. So wäre es verständlich, daß es im Gedankengut einige Ähnlichkeiten gibt, auch wenn heute keine Verbindung zwischen beiden besteht. Heute legt Landmark starken Wert darauf, daß sie nichts mit Scientology zu tun haben. Und die Scientology Organisation bietet einen »EST Reparatur Rundown« an, um jenen, denen durch Kurse bei Landmark der Weg zur vollkommenen Freiheit versperrt war, zu helfen.

47 Was ist die Aum-Sekte?

Am 20. März 1995 wurde die Welt auf eine Sekte in Tokio aufmerksam, die man in Europa kaum kannte: die Aum-Sekte. 12 Menschen starben, über 5.500 wurden aufgrund eines Giftgasanschlages in der Tokioer U-Bahn verletzt. Ausgeführt wurde er von Mitgliedern der Aum-Shinrikyo-Sekte des Gurus Shoko Asahara.

Als charismatischem Religionsstifter gelang es ihm auf buddhistischer Grundlage, verbunden mit einer konkreten Endzeitvision, eine große Zahl von Anhängern in seinen Bann zu ziehen. Die zur Zeit[51] noch immer nicht vollständig abgeschlossenen Gerichtsverfahren haben deutlich werden lassen, daß einige Mitglieder ihm so ergeben waren, daß sie sogar bereit waren, für ihn und in seinem Namen Morde an Abtrünnigen und Verrätern auszuführen.

An diesem Beispiel kann man deutlich sehen, zu welchen Handlungen Menschen in der Lage sind, wenn sie in eine fanatische Gruppe gelangen. Der Fanatismus kann sich in einem nicht nachlassenden Bekehrungseifer äußern, er kann aber auch zur Dämonisierung und Bekämpfung aller Gegner und Andersdenkenden führen. Wenn eine entsprechende Persönlichkeitsstruktur mit einer dazu passenden Gruppe zusammentrifft, dann kann dies unter Umständen in den oben geschilderten Handlungen enden.

48 Gibt es satanische Rockmusik, die abhängig machen kann?

Musik, »bei der uns die Flammen der Hölle entgegenschlagen«[52], so oder ähnlich bezeichnen manche Fundamentalisten die Rockmusik. Für sie ist Rockmusik Teufelszeug.

Neben den Inhalten, die sich um Tod, Teufel und Weltuntergang drehen, wird besonders davor gewarnt, daß es auf manchen Platten versteckte Botschaften gebe, die man bewußt nicht wahrnehmen könne. Mit speziellen Techniken seien die Botschaften auf den Platten versteckt worden, so daß sie direkt auf das Unterbewußtsein wirken.

Verbunden mit der Warnung vor der Rockmusik mit offensichtlichem satanischem Inhalt wird auch vor solcher Musik gewarnt, die auf den ersten Blick keine okkulten Inhalte hat. Diese Musik könne auch gefährlich sein, denn der Teufel sei ein Meister der Täuschung und der Verstellung und könne auch in den Texten stecken, in denen er gar nicht erwähnt werde.

Es geht dabei um das »Backward Masking«. Darunter muß man sich vorstellen, daß über die normalen Tonspuren mit Musik und Gesang eine weitere Tonspur gelegt wird. Auf dieser Spur werden kurze Botschaften rückwärts gesprochen. Beim normalen Abspielen einer CD seien diese Botschaften nicht zu erkennen, aber sie seien trotzdem wirksam, weil sie dadurch, daß sie versteckt wurden, in das Unterbewußtsein eindringen könnten und dort wirksam würden. In den Platten von den Beatles über Madonna bis hin zu Judas Priest gebe es solche versteckten Botschaften. Wie gefährlich dieses Verfahren sei, könne man daran erkennen, daß es im Bereich der Werbung verboten sei!

Die Geschichte mit den »Subliminal Botschaften« ist in meinen Augen eines der modernen Wissenschaftsmärchen. Jeder der mich bisher darüber befragte, wußte immer auch zu berichten, daß es in den USA in den 50er Jahren ein Experiment in einem Kino gegeben habe, bei dem solche Kurzbotschaften, die nicht bewußt wahrgenommen werden können, in einen Kinofilm eingebaut wurden. Durch die Botschaft »Iß Popcorn!« und »Trink Cola!« hätte der Umsatz des Kinos an Popcorn und Cola um 18 bzw. 58 % gesteigert werden können. Dieses Experiment wird heute als Beweis dafür genommen, daß subliminale Wahrnehmungen im Bereich von esoterischen Tonkassetten, mit denen man angeblich zum Nichtraucher oder schlank und fit werden kann, wirksam seien. Und genau so könnten natürlich auch teuflische Botschaften mit negativen Wirkungen versteckt werden.

Bernd Harder hat in seinem Buch[53] nachgewiesen, daß die subliminale Wahrnehmung ein »unerhörter Schwindel« sei. Es gebe zwar in dem Rundfunkstaatsvertrag einen Paragraphen, nach dem »unterschwellige Werbung« verboten sei, aber dies sei nicht das Ergebnis von neuen wissenschaftlichen Untersuchungen. Letztlich wird man wohl sagen müssen, daß all dies auf das ominöse »Iß Popcorn!«-Experiment aus dem Jahre 1957 zurückging.

Und genau damals begann das Wissenschafts-Märchen. In diesem Jahr trat ein Werbefachmann an die Öffentlichkeit und behauptete, er habe ein mehrwöchiges Experiment mit über 40.000 Kinobesuchern gemacht und dabei festgestellt, daß das Kaufverhalten durch unterschwellige Werbespots zu manipulieren sei. Dies hat die Öffentlichkeit weltweit zur Kenntnis genommen. Seit diesem Tag geistert die Angst vor einer Manipulation durch geheime Verführer durch alle Köpfe. Nicht zur Kenntnis genommen hat sie das Interview, das derselbe Werbefachmann Jahre später gegeben hat. In dem Interview hatte er nämlich zugegeben, daß die ganze Geschichte eine reine Erfindung gewesen sei, um sein marodes Marketing-Unternehmen bekannt zu machen und so lukrative Aufträge an Land zu ziehen.

Im Rückblick muß man heute die ersten Reaktionen auf die »Iß Popcorn-Studie« als hysterisch bezeichnen, denn ohne überhaupt überprüft zu haben, ob an dem Ergebnis irgend etwas dran sein könnte, wurde sofort über Verbote solcher Werbemethoden gesprochen. Wenige Monate nach der Veröffentlichung hatten bereits 41 % der Amerikaner etwas von »Subliminal Botschaften« gehört, und bis heute wirkt diese »Untersuchung« weiter. Alle Gegenbeweise, die schon kurz nach der »Iß Popcorn-Studie« veröffentlicht wurden, konnten keine annähernde Resonanz bekommen. So hatte ein kanadischer Sender 1958 während einer Fernsehshow 352mal als subliminale Botschaft die Aufforderung eingeblendet, daß die Zuschauer jetzt anrufen sollten. Kein einziges Mal klingelte der Telefonapparat, und selbst als man den Zuschauern mitteilte, daß man eine subliminale Botschaft eingeblendet habe und sie aufforderte, doch anzurufen und sagen, was ihrer Meinung nach der Inhalt der Botschaft gewesen war, konnte keiner der 500 Anrufer eine annähernd richtige Antwort geben. Selbst die Suche nach dem Kino, in dem angeblich die Versuche stattgefunden hatten, endete negativ: Offensichtlich ist alles Legende! Trotzdem wirkt diese Legende heute weiter.

49 Wer ist die Gruppe um den Guru Sant Thakar Singh?

Bekannt wurde der indische Guru Sant Thakar Singh (*1929) durch seine Vorstellung, daß schon kleine Kinder meditieren sollen. Eltern, die die Lehren des Gurus für bare Münze genommen hatten, ließen ihre eigene kleinen Kinder täglich stundenlang meditierten, um den göttlichen Ton zu hören, das göttliche Licht zu sehen.

Eine Mutter berichtet, wie sie ihren eigenen Sohn zum Meditieren brachte:

>»Auch Kinder müssen meditieren. Für das Kind bedeutet dies: gezwungen werden, sich hinzusetzen, in einer Haltung gehalten zu werden, nicht aufstehen dürfen, Augen und Ohren verbunden zu haben, also sämtliche Sinnenreize abgeschaltet zu haben und sich nicht wehren zu können. Jegli-

che Bedürfnisse, also auch jegliche Äußerung, die irgend-ein Bedürfnis signalisiert, werden völlig ignoriert. [...] J. wehrte sich natürlich gegen die Meditation. Als er bei der sogenannten Meditation geschrien hat, kam von Gerda A. der Vorschlag, die Fenster zu isolieren, den Raum über-haupt zu isolieren, damit es keiner hört. Denn es hätten ja auch die Nachbarn aufmerksam werden können.

Über J. wurden Decken gelegt, damit ihn niemand hören konnte, und er wurde immer wieder angehalten zu sitzen. Irgendwann war er völlig resigniert und hat überhaupt nichts mehr gesagt. Interpretiert wurde das Schreien so: Nicht der J. schreit, nicht seine Seele schreit, sondern sein Gemüt, und das muß raus. [...]

Kinder wurden auch, wenn sie geweint haben, einfach konsequent festgehalten. Sie wurden hingesetzt, und dahin-ter saß jemand und hielt sie fest. [...] Irgendwann merkt das Kind, daß es keine Chance hat, und dann ist Ruhe. Das in-terpretierten die natürlich als ›die Seele hat gesiegt‹.«[54]

Sechs bis acht Stunden sollten die Kinder meditieren, da-bei wurden ihnen mit einer Binde die Augen verschlossen und mit einem Silikonstöpsel das eine Ohr ausgegossen. Damit sollte den Kindern »erleichtert« werden, den gött-lichen Ton und das göttliche Licht zu erlangen.

In der Vorstellung des Sektengurus ist Gott reine Energie, die sich in Form von Licht und Ton offenbart.

In der Tradition der Lehre vom »Pfad der Meister« (Sant Mat) sollen die Schüler dem wahren Meister fol-gen. Bei der Einweihung, daß heißt bei der Aufnahme in die Bewegung, erhält jeder Schüler von dem Meister »fünf heilige Namen«, die seine Seele näher zu der Seele des Meisters bringen. Die Schüler sollen ein spirituelles Tagebuch führen, in das sie ihre Sünden, wie z. B. den Appetit auf verbotene Speisen[55], eintragen müssen. Der Meister kann anhand des Tagebuchs die Entwicklung

seiner Schüler feststellen. Kindern kommt bei Sant Thakar Singh eine besondere Bedeutung zu: sie sollen so
früh wie möglich die Meditation erlernen, da sie noch un-
beeinflußt von der Außenwelt sind. Eltern können, so die
Vorstellung, sogar sofort nach der Geburt mit den Medi-
tationen beginnen. Denn nur die Kinder haben überhaupt
die Chance, die innere Vollkommenheit und die Gottverwirklichung zu erreichen. Sie sind frei von Sünden und
haben damit die Chance, das Volk Gottes zu werden.

»Diese Kinder sollen einmal die gesamte Welt verändern,
denn sie werden nicht unter der Herrschaft der negativen
Kraft stehen. [...] Sie werden euch so wundervolle Dinge
lehren, und ihr werdet beschämt sein, wenn ihr all ihre Ge-
duld, ihre Sanftheit und Demut seht, die ihr selbst nicht besitzt.«[56]

»Wenn das Kind im Mutterleib liegt, befindet es sich in
einer sehr beschwerlichen Lage, mit dem Kopf nach unten
und den Füßen nach oben. Ringsum von einem engen
Raum umschlossen, kann es nicht einmal seine Gliedmaßen
bewegen. Trotzdem kann es mit der Fülle seines Lebens Se-
ligkeit und Glück empfinden, denn seine Aufmerksamkeit
geht ganz in Licht und Ton auf.

Wird das Kind geboren, schreit es. Sein Gesicht ist vol-
ler Schmerz und Traurigkeit, nachdem es von den wunder-
baren Lebensgrundlagen, von Licht und Ton, getrennt wurde, die es im Mutterleib erlebte. Sobald wir eine Kerze vor
das Kind stellen, eine kleine Glocke läuten oder ein klap-
perndes Geräusch machen, wird es wieder ruhig und fried-
lich. So groß ist die Anziehungskraft von Licht und Ton.«[57]

Eltern bekommen in einem solchen Text eine geistliche
Erklärung für ein Verhalten ihres Kindes, das ihnen viel-
leicht unverständlich ist: das Kind schreit die ganze Zeit.
Warum?

Aber das Ziel dieser Texte, die auch in einem Werbevideo bildlich dargestellt werden, ist, daß Eltern bei ihren eigenen Kindern Zwang ausüben:

»...unmittelbar nach der Geburt soll das Kind durch die initiierenden Eltern oder durch einen Initiationsbeauftragten in HÖREN und SEHEN eingeweiht werden, indem diese/r seine/ihre Finger einige Zeit in das rechte Ohr des Kindes steckt und seinen/ihren Daumen einige Zeit auf die Stirn des Kindes drückt. Danach sollen Vater und Mutter weiterhin so verfahren.

Die Kinder entwickeln sich in beiderlei Hinsicht, weltlich und spirituell. Was ich möchte ist natürlich, daß das Kind körperlich gedeiht und in der Welt heranwächst. Doch warum sollte es kein spirituelles Wachstum geben? [...] Das ist wichtiger als körperliche Entwicklung. [...] Deshalb möchte ich euch nahelegen, diese Entwicklung von Kindheit an zu fördern, was leicht möglich ist. Für den Ton wird ein Ohrstöpsel im rechten Ohr ausreichen, für das SEHEN sollen die Mutter oder der Vater ihren Daumen leicht auf das Zentrum des dritten Auges legen und beginnen zu meditieren [...] Die Augen sollen mit einer Art Augenmaske, wie man sie in Flugzeugen benutzt, bedeckt werden, oder mit einer weichen, weißen Baumwollbinde – was eben möglich ist. HÖREN und SEHEN mögen sechs bis acht Stunden durchgeführt werden. Andere Initiierte können dabei helfen.

Wenn die Kinder (fünf bis) acht Jahre alt sind, werden sie alleine auf Licht und Ton meditieren [...] Unsere Kinder sollen vor der Gesellschaft von anderen negativen Kindern bewahrt werden. Sie sollen vorzugsweise mit den Kinder von Initiierten zusammen sein. Zumindestens möchte ich, daß alle Fernseher und ähnliche Dinge von ihnen ferngehalten werden. Den Kindern sollten niemals die hart wirkenden Mittel der negativen Kraft gezeigt werden.

Das weltliche Leben der Kinder wird nicht in Verzug geraten. Sie werden vielmehr überaus bewußt sein. In ihren

körperlichen Aktivitäten werden sie sich ebenso entwickeln
wie mental und intellektuell. Denn die Welt und alles ist
von Gott geschaffen worden, und wenn Gott der Schöpfer
ist, wird er kein Zerstörer sein. [...]

Halten die Eltern die oben erwähnten einfachen Regeln
ein, so werden sie wirklich ihre Pflicht ihrem Kind gegenüber erfüllen. [...] Wenn die Eltern nicht für die Seele der
Kinder Sorge tragen, werden sie ein großes Unrecht begehen und die Kinder dem Bösen, dem Leiden übergeben.

In aller Liebe und Zuneigung habe ich die Eltern ent-
sprechend den Anweisungen Gottes angeleitet, ihren Kindern zu dienen - zum Vorteil der ganzen Familie, der Kinder und der Menschheit im Ganzen.«[58]

Man muß sich vor Augen halten, daß dies nicht eine
theoretische Vorstellung eines älteren Mannes ist, sondern daß diese Anweisungen in dem sekteneigenen Ash-
ram in New Delhi wie auch im privatem Rahmen durchgeführt werden. In einem Werbevideo der Gruppe, das
auch auf deutsch synchronisiert wurde, kann man einen
ausführlichen Einblick in das Leben und die Praxis des
Meditations-Lagers gewinnen.

Zu den Einrichtungen des Sant Thakar Singh gehör-
ten unter anderem: der NAAM-Verlag und der Verein
zur Förderung der Lichtheimkindergärten e.V. Heute fir-
miert die Gruppe meistens unter dem Namen Holosophi-
sche Gesellschaft.

50 **Was sind die Ideen der ISKCON?**

Besser ist die ISKCON in der Öffentlichkeit unter dem Namen Hare-Krishna-Bewegung bekannt. In den 70er Jahren zogen orangegekleidete Mönche singend über die Plätze und Straßen, immer wieder den Vers

>»Hare Krishna, Hare Krishna, Krishna Krishna, Hare Hare, Hare Rama, Hare Rama, Rama Rama, Hare Hare«

singend. Musiker wie die Beatles oder Boy George ließen sich durch dieses Mantra zu eigenen Kompositionen inspirieren.

Die Internationale Gesellschaft für Krishna-Bewußtsein (ISKCON) wurde 1966 durch den Inder Abhay Charan De (1896–1977) gegründet. »Seine Göttliche Gnade A. C. Bhaktivedanta Swami Prabhupada«, wie ihn seine Anhänger nennen, wollte die spirituellen Weisheiten Indiens, wie sie in den heiligen Schriften des Hinduismus, insbesondere der Bhagavadgita, niedergelegt sind, im Westen verbreiten. Das Ziel besteht darin, sich das eigentliche, göttliche Bewußtsein, das jedem Menschen innewohne, zu vergegenwärtigen. Dies ist nur möglich, indem man fortwährend den göttlichen Namen singt. Der Name sollte entweder halblaut gesprochen oder gesungen werden, täglich mindestens 1.728 mal. Die Worte Krishna und Rama sind Anreden des Herrn, Hare ist der Ausdruck der Energie des Herrn. Neben dem Singen (Chanten) gelten noch vier Punkte, die genau zu befolgen sind:

- Kein Genuß von Fleisch, Eiern und Fisch; die Nahrung, die aufgenommen wird, sollte zuvor Krishna geweiht worden sein;
- Kein Genuß von Rauschmitteln, wie Tabak, Alkohol, Tee, Kaffee und anderen Drogen;
- Kein Glücksspiel;
- Keine unerlaubte Sexualität

Wer innerhalb der Tempelgemeinschaft lebt, hat einen streng vorgegebenen Tagesablauf zu absolvieren: die Zeit ist von ca. 3.30 bis 22 Uhr verplant. Neben dem Tempeldienst, dem Chanten und der Lektüre von heiligen Schriften gehört auch der Verkauf von Büchern und Schallplatten in den Fußgängerzonen dazu.

In den 70er Jahren geriet die Krishna-Bewegung als eine der Jugendsekten in die öffentliche Kritik aufgrund der Anwerbemethoden, der rasanten Trennung von Familie und Elternhaus, des plötzlichen Abbruchs der Berufsausbildung, und das »Verschwinden« der neuen Mitglieder in Tempeln in fremden Ländern, so daß sie für die Angehörigen nicht mehr erreichbar waren. Heute distanzieren sich die Vertreter der ISKCON von solchen Praktiken.

51 Wer sind die Kinder Gottes/ Die Familie?

Die Kinder Gottes wurden von dem Amerikaner David Berg (1919–1994) im Jahr 1969 gegründet. Innerhalb seiner Gruppe wird er als »Mose David«, »Vater David« oder in der Abkürzung von Moses einfach nur »MO« genannt. Er beanspruchte für sich die Stellung eines Königs und Propheten, dem man absoluten Gehorsam schuldet. Seine Äußerungen wurden als Weisungen Gottes, seine MO-Briefe, die im Comic-Stil gehalten sind, als Auslegung der Bibel betrachtet. Durch seine Opposition gegen das »alte System«, zu dem die Gesellschaft, die Kirchen, aber auch die Eltern zählen, wurden besonders junge Menschen, die sich in »einer schwierigen seelischen Situation«[59] befanden, angezogen. In ihrer endzeitlichen Ausrichtung gingen sie davon aus, daß sie nach der Wiederkunft Christi »Gottes neue Nation« darstellen würden, die die Welt beherrschen wird.

Besondere Aufmerksamkeit erregte die Gruppe durch ihre Missionsmethoden. Dabei ging es darum, Seelen in der Endzeit zu retten. Durch das Verfahren des flirty fishings (FF = Fischen durch Flirt) sollten die Anhänger die Liebe Gottes durch körperliche Liebe ausdrücken. In einem MO-Brief heißt es unter anderem:

> »... daß diese Teenagermädchen von 13 oder 14 so groß sind, wenn nicht größer, wie ihre Mütter und vielleicht zäher [...] Sie könnten möglicherweise mehr Sex vertragen als ihre Mütter..«[60]

In einem anderen Brief wird sogar gesagt:

> »So segnet Gott die FF-en, und wir bekommen einen höheren Prozentsatz von Jesus-Babies entsprechend der Zahl der FF-Ficks als von unseren Familien-Ficks!«[61]

Auch wenn der Vorwurf der Prostitution und des Kindersex immer wieder bestritten wurde, kann man nach Lektüre dieser und anderer Stellen den Eindruck bekommen, daß es sich hierbei um eine Form der religiösen Prostitution handelt.

Eine Neuorientierung erfolgte 1992. Die extremen Lehren der Vergangenheit werden entweder den Zeitumständen (Hippiebewegung) zugeschrieben, oder sie werden als Mißverständnisse oder Mißbrauch deklariert, oder sie werden aufgrund des Widerstandes der Öffentlichkeit für die gegenwärtige Praxis ausgeschlossen. Inwieweit sich die Gruppe daran hält, ist für Außenstehende nur schwer zu beurteilen.

52 Wer ist Sathya Sai Baba?

Als Gott in Indien verehrt, als Wundermann immer wieder in den europäischen Medien präsentiert, wurde der 1926 in Puttaparthi geborene Sathyanarayan Raju zu dem Gründer der Sai-Religion, die den Extrakt und die Essenz aus allen Religionen darstellen soll. Er sieht seine Aufgabe darin, alle Religionen zu vereinen. Er sei dazu prädestiniert, weil er die menschliche Gestalt des abstrakten Göttlichen, und zwar sowohl des weiblichen als auch des männlichen Göttlichen, habe.[62] Sein Name drückt dies aus: Sai ist die göttliche Mutter, Baba der göttliche Vater. Die Wundertaten, die er vollbringt – es wird von Heilungen und sogar Totenerweckungen gesprochen –, sind Ausdruck seiner göttlichen Macht, die sogar Skeptiker überzeugen soll:

»Wieder einmal überzeugte Sai Baba, der 63jährige, den Millionen Inder als Gott verehren, einen skeptischen Wissenschaftler. Der namhafte Parapsychologe Erlendur Haraldsson hielt die Wunder des indischen Gurus für Schwindel – bis ihn Sai Baba selber überzeugte. [...] Er traute seinen Augen nicht: »Mit einer schlichten Handbewegung läßt Sai Baba beliebige Objekte erscheinen oder verschwinden.« Als Haraldsson, begleitet von dem bekannten Sterbeforscher Dr. Karlis Osis, Sai Baba erstmals besuchte, materialisierte der Heilige als Begrüßungsgeschenk ›einen wundervollen goldenen Ring‹, er umschloß einen großen Stein, in dem ein ovales Farbbild von Sai Baba eingraviert war. ›Unentwegt versuchten wir, Sai Baba zu überreden, seine Wunderkraft in kontrollierten Experimenten wissenschaftlich zu beweisen. Damit verärgerten wir ihn zunehmend. Plötzlich sagte er: ›Seht euren Ring an!‹ Der Stein war verschwunden. Das war mein Experiment, lächelte Sai Baba. [...] ›Wie machen Sie das alles?‹ wollte Haraldsson wissen. Sathya Sai Baba antwortete ihm: ›Wir sind alle Streichhölzer. Auf meinem brennt eine Flamme – das ist der einzige Unterschied zwischen uns.‹«[63]

Der von ihm produzierten Heiligen Asche wird heilende Wirkung zugeschrieben. Aufgabe der Anhänger ist die Pflege der religiösen Literatur (den Veden), die Gottesverehrung und die Bewahrung der ewigen Ordnung. Dazu kommen die regelmäßige Meditation und das öffentliche Mantra-Singen.

53 Was sind die Hauptlehren der Mormonen?

Die Bezeichnung Mormonen ist der landläufige Begriff für die Kirche Jesu Christi der Heiligen der letzten Tage (siehe *Frage 43*, Seite 88). Der Name Mormone geht auf den Propheten Mormon zurück, der im 5. Jahrhundert nach Christus in Amerika aufgetreten sein soll. In dem Buch Mormon, welches Joseph Smith gefunden und übersetzt haben will, wird unter anderem auch von seinem Wirken berichtet. Das Buch wird als »weiterer Zeuge für Jesus« bezeichnet.

Neben diesem Buch gibt es eine Reihe von geheimen Tempelritualen, die den eigentlichen Kern der Lehre darstellen. Jeder Mormone, der in den Tempel kommt, verpflichtet sich, mit niemandem über das dort Gesehene und Erfahrene zu sprechen. Wenn man vorher – man kommt nur mit einem Empfehlungsschreiben in den Tempel – erfahren möchte, was dort passiert, wird man keine inhaltliche Antwort erhalten. Neben der bekannten Totentaufe[64] bekommt man dort Geheimwissen über die Erschaffung der Welt, geheime Zeichen, Namen und Griffe, die man als Ausweis für die Rechtgläubigkeit beim Eintritt in das Himmelreich kennen und können muß. Die Symbole und Riten sind der Freimaurerei (siehe *Frage 44*, Seite 89) entlehnt. Der Gründer der Mormonen war eine Zeitlang Mitglied einer Freimaurerloge und hat dort die Riten kennengelernt. Nach dem Bruch mit den anerkannten Logen baute er deren Rituale in seine eigene Religion ein. Dazu gehörte unter anderem auch, daß man sich als Gott weihen lassen kann.[65]

Ein Hauptkritikpunkt an den Mormonen ist, daß die geheimen Lehren im Widerspruch zu dem Anspruch, eine christliche Religion zu sein, stehen. Die meisten Geheimrituale stehen den christlichen Aussagen diametral gegenüber.

54 Was sind die Hauptlehren der Mun-Sekte?

Die Mun-Sekte, die offiziell den Namen Vereinigungskirche trägt, geht auf den Nordkoreaner San Myung Mun (* 6.1.1920) zurück. Dieser gründete 1954 die »Gemeinschaft vom Heiligen Geist zur Vereinigung der Weltchristenheit«. Die Gründung geht auf ein Bekehrungserlebnis zurück, das der damals 16jährige 1936 bei einem Gebet auf einem Berg gehabt haben soll: Jesus Christus sei ihm erschienen und habe ihm den Auftrag gegeben, das Himmelreich auf Erden zu errichten. Nach neun Jahren des Suchens wurden ihm die Wahrheiten Gottes in die Hände gelegt.

> »In der geistigen Welt wurde San Myung Mun als Sieger des Universums und Herr der Schöpfung anerkannt.«[66]

In den göttlichen Prinzipien wird die Lehre der Vereinigungskirche zusammengefaßt: Grundlage ist die taoistische Kosmologie, die göttliche Offenbarung wird als letzte Neuoffenbarung angesehen, die die Bibel und alle anderen heiligen Bücher der Religionen ablöst: Ziel ist die vollkommene Familie. Die Hochzeit Muns mit seiner Frau Hak-Ja Han 1960 wird als Beginn der physischen Erlösung der gesamten Menschheit verstanden. Jesus sei zwar als Mensch vollkommen gewesen, aber seine Mission sei gescheitert, weil er keine Familie gegründet habe. Diesen Schritt vollziehe jetzt erst Mun, der gottgleiche Vollkommenheit erlangt hat. Die kultischen Handlungen beziehen sich auf das »wahre Elternpaar«, Mun und seine Frau. In den auch in Deutschland bekannten

Massenhochzeiten werden die Menschen paarweise von den »wahren Eltern« adoptiert und damit Bestandteil der heiligen Familie. Bei den Segnungen werden von Mun und seiner Frau Partner aus verschiedenen Nationen und Kontinenten zusammengeführt. Die Auswahl geschieht durch Mun, dem Bilder der Segnungswilligen vorliegen. Erst nach einer Zeit der Bewährung – die Mun festlegt – ist es dem Paar erlaubt, sexuell miteinander zu verkehren. Die aus diesen Beziehungen hervorgehenden Kinder werden als physische Kinder der »wahren Eltern« angesehen.

Verschiedentlich ist Mun selber mit den Gesetzen in Konflikt geraten, so wurde er in den USA 1982 wegen Steuerhinterziehung zu 18 Monaten Gefängnis verurteilt, in Korea wurde er 1948 zu fünf Jahren Arbeitslager verurteilt, und 1995 verweigerte die Bundesregierung die Einreise von Mun nach Deutschland.

55 Was sind die Hauptlehren der Neuapostolischen Kirche?

Mit über 400.000 Mitgliedern ist die Neuapostolische Kirche eine der größten Gruppen in Deutschland. Die Kirche versteht sich als in unserer Zeit neu errichtetes Erlösungswerk Jesu Christi. Durch das wieder eingerichtete Apostelamt kann das Erlösungswerk erst zu Ende geführt werden.

Die Lehre der Neuapostolischen Kirche kennt zehn Glaubenssätze und drei Sakramente. In drei Punkten unterscheidet sich das Glaubensbekenntnis von den übrigen christlichen Gemeinschaften. 1. Apostel regieren die Kirche bis zur Wiederkunft Christi, 2. sämtliche Amtsinhaber in der Kirche werden von den Aposteln erwählt, 3. die Getauften empfangen durch den Apostel den Heiligen Geist. Letzteres gilt als Aufnahme in die Gemeinde. Die Sakramente sind die trinitarisch vollzogene Taufe, das Abendmahl und die Versiegelung durch Handauflegen des Apostels mit dem Heiligen Geist.

56 Was ist die Transzendentale Meditation?

In schöner Regelmäßigkeit können Wähler bei Bundestags- und Europawahlen ihr Kreuz unter anderem bei der »Naturgesetz Partei« machen. Diese Partei verspricht, daß sie das Rezept zur Lösung aller Probleme besitzt.

Hinter dieser Partei steht die Transzendentale Meditation (TM), die von dem Inder Maharishi Mahesh Yogi gegründet wurde. Die von ihm propagierte Meditationstechnik wird mal als Entspannungstechnik angepriesen, mal ist sie die Grundlage zur »Verwirklichung der idealen Gesellschaft«.

Grundlage der Meditation ist der indische Hinduismus. Jeder TM-Meditierende erhält von seinem TM-Meister eine persönliche Meditationssilbe (Mantra). Täglich zweimal zu einer festgesetzten Zeit soll der Meditierende das Mantra still vor sich hin meditieren. Wenn 1% der Bevölkerung regelmäßig die TM-Meditation ausführt, soll der »Maharishi-Effekt« zu beobachten sein. Durch die Meditation komme es zu positiven Folgen in der ganzen Ge-

sellschaft: So soll z. B. die Kriminalität spürbar zurückge-
hen. Mit diesen Zielen wirbt denn auch die Naturgesetz
Partei. Als Beweis dafür wird auch im Wahlkampf das sogenannte yogische Fliegen demonstriert, bei dem im Yo-
ga-Sitz sitzende Personen mit verschränkten Beinen über
eine Matratze hüpfen.

Immer wieder versuchte TM, auch im politischen Bereich aktiv zu werden: So gründete Maharishi 1976 eine
»Weltregierung des Zeitalters der Erleuchtung«, in Zei-
tungsanzeigen bot TM seine Hilfe bei der Beseitigung
von Problemen jeglicher Art und jeglichen Ausmaßes an,
und 1978 bekam die deutsche Bundesregierung ein Me-
morandum, in dem die Aufnahme von TM in den Lei-
stungskatalog der Krankenkassen gefordert wurde.

1989 verkündete das Bundesverwaltungsgericht in
Berlin in einem Urteil, daß die Bundesregierung, die in
einer Broschüre vor TM gewarnt hatte, »ferner zu der
Aussage berechtigt ist, TM könne zu psychischen Schäden oder zu einer Persönlichkeitszerstörung führen«.

57 Was sind die Hauptlehren der Sekte Fiat Lux?

Bekannt wurde Fiat Lux in den letzten Jahren vor allem
durch spektakuläre Fernsehauftritte, bei denen es um
Prozesse wegen angeblicher Steuerhinterziehung oder
den Verstoß gegen das Heilpraktikergesetz ging. In weißen Gewändern trat dabei Uriella, die sich als Sprachrohr
Jesu verstand, auf und verkündete munter ihre Wahrheiten. Der Orden »Fiat Lux« (Es werde Licht) wurde laut

Erika Bertschinger (*1929), so der bürgerliche Name der Schweizerin, von Jesus persönlich gegründet. Sie stehe als Medium im geistigen Kontakt mit Jesus und habe selber schon mehrere hundert Offenbarungen von ihm erhalten. Seit 1984 tritt Erika Bertschinger auch öffentlich auf, um unter anderem in Volltrance als Sprachrohr Gottes zu fungieren.

Im Mittelpunkt der Lehre steht die Heilung der Menschen durch Geist- und Fernheilung. Die Versprechen dabei sind umfassend: Alle Krankheiten sollen nach den Methoden des Fiat Lux heilbar sein. Grundlage dafür sind die kosmischen Heilstrahlungen, die Uriella weiterleitet. So entsteht durch 21minütiges Rühren mit der linken Hand aus einfachem Leitungswasser in der Badewanne »kosmisches Athrumwasser«.

In einem Interview von Uriella in der ARD gab sie am 19.2.1992 bekannt, daß eine unmittelbare Reinigung der Menschheit bevorstünde, die nur 1/3 der Menschheit überleben werde. Dieser kleine Teil würde mit Miniaturraumschiffen evakuiert.

Mehrfach kommt es zu juristischen Auseinandersetzungen, weil Uriella Heilmittel und Medikamente abgibt. Unter anderem gibt es eine »Anti-Radioaktivitäts-Tinktur«, ein Augenöl und Ätherampullen gegen Krebs, Alkohol- und Nikotinsucht und Aids. Michael Haupt[67] kritisiert an der Gruppe: *»Die Lehre von Fiat Lux, die ›Offenbarungen Gottes‹ durch sein Sprachrohr Erika Bertschinger/Uriella, sind in keiner Weise mit der christlichen Religion zu vereinbaren. Bedingt durch die absolute Autorität Uriellas, die völlige Abkehr und Loslösung der Mitglieder vom bisherigen Leben und medizinisch unhaltbare Behandlungsmethoden mit nicht nachweisbaren Heilungserfolgen, kann von einer Mitgliedschaft in dieser Gruppe nur abgeraten werden.«*

58 Was sind die Hauptlehren der Siebten-Tags-Adventisten?

Die Lehre der Siebten-Tags-Adventisten bezieht sich streng auf die Bibel: In der Auslegung der Bibel gilt das reformatorische Prinzip sola skriptura[68], so daß es einige Gemeinsamkeiten mit den Kirchen der Reformation gibt. Unterschiede gibt es in der Heiligtumslehre, nach der Jesus Christus im Jahr 1844 in das Allerheiligste des Himmels eingetreten sei, womit seine Wiederkunft auf Erden kurz bevorstehe, und in der Sabbatlehre, nach der der Sonntagsgottesdienst eine widergöttliche Institution sei. Daraus ergab sich das Selbstverständnis, daß man selber die »Gemeinde der Übrigen« (Offenbarung 14,6ff.) sei, die den Menschen die dreifache Engelsbotschaft zu verkünden hätte: die Stunde des Gerichts ist gekommen, man soll sich von den anderen christlichen Kirchen lösen und Licht über den Sabbat bringen. Bei den Siebten-Tags-Adventisten gibt es zwei Sakramente: die Taufe von Erwachsenen und die Feier des Abendmahls.

Im Mittelpunkt des Gemeindelebens stehen der Gottesdienst und die Bibelschule am Sabbat. In der Bibelschule wird in kleinen Kreisen die Bibel anhand eines vorgegebenen Textes studiert. Die alttestamentarischen Speisevorschriften werden eingehalten, ebenso der Verzicht auf jegliche Form von Rauschmitteln. In den letzten Jahren ist der Versuch einer behutsamen ökumenischen Annäherung festzustellen.

59 Was sind die Hauptlehren der Weltweiten Kirche Gottes?

Im Jahre 1927 hatte der amerikanische Werbefachmann Herbert W. Amstrong (1983–1986) ein Bekehrungserlebnis. Wenige Jahre später, es war zu einem Bruch mit seiner Heimatkirche gekommen, gründete er 1933 die Weltweite Kirche Gottes. Zur Verbreitung seiner Botschaft setzte er massiv die modernen Massenkommunikationsmittel wie Rundfunk und Presse ein. Daneben gründete er 1957 ein College zur Predigerausbildung und für Bibelfernlehrgänge. In Hunderten von Radio- und Fernsehsendungen und in der eigenen Zeitschrift »Klar und Wahr« verbreitet er seine adventistisch geprägte Lehre:

Die Bibel wird fundamentalistisch ausgelegt, das heißt, wörtlich für wahr genommen. So wird z. B. die Evolution als nicht bibelgemäß abgelehnt oder die Überordnung des Mannes über seine Frau aus der Bibel abgeleitet. Getauft werden nur erwachsene Menschen, und die Taufe ist das Ergebnis einer tiefen Reue. Die adventistische Herkunft ist an der Nennung eines Endzeitdatums zu erkennen (1972 und 1977). Unter der Leitung der Kirche werden die Völker der Erde im anbrechenden tausendjährigen Reich regiert. Die Mitglieder werden dazu aufgefordert, den Zehnten ihres Einkommens an die Kirche abzuführen. Auffallend bei der Weltweiten Kirche Gottes ist die stark antikirchliche Einstellung. Die übrigen Kirchen und Konfessionen seien nicht von Gott, sondern nur die Weltweite Kirche Gottes.

60 Wer sind die Zeugen Jehovas?

Die Zeugen Jehovas gehen davon aus, daß die Bibel das Wort Gottes ist. In der Bibel hat Gott seinen Plan mit den Menschen geoffenbart. Aufgabe der Menschen ist es, Erkenntnis zu erlangen, die zu ewigem Leben führt.

Laut der Bibel steht das Ende der Welt unmittelbar bevor. Nach einer Schlacht, dem Krieg von Harmageddon, wird auf der Erde ein tausendjähriges Friedensreich errichtet. Im Laufe ihrer über 100jährigen Geschichte haben die Zeugen Jehovas verschiedene Daten, an denen der Krieg beginnen soll, genannt (1914, 1915, 1916, 1925, 1975 oder zu einem Zeitpunkt, zu dem Menschen leben, die das Jahr 1914 erlebt haben).

Heute legen sich die Zeugen nicht mehr genau fest – das Ende soll binnen kurzem kommen. In dem darauf folgenden tausendjährigen Friedensreich herrschen paradiesähnliche Zustände. In dem Friedensreich leben alle Menschen, die treu Jehova gedient haben, und jene, die keine Möglichkeit hatten, Gott kennenzulernen. Die Feinde Gottes und alle kirchlichen wie staatlichen Institutionen werden in dem blutigen Krieg vernichtet. Die Herrschaft Gottes (Theokratie) löst alle bisherigen Institutionen ab.

Nach Vorstellung der Zeugen Jehovas kommen 144.000 Menschen in den Himmel, Millionen Menschen werden auf der Erde im Paradies für ewig leben. Um in das Paradies zu gelangen, muß man sich an die Grundsätze halten, die Gott in der Bibel für die Menschen festgeschrieben hat. Durch die Taufe – die Taufe von anderen Religionen wird nicht anerkannt – gibt man sich Gott ganz hin.

In regelmäßigen Zusammenkünften werden die Bücher und Zeitschriften der Wachtturm-Gesellschaft studiert. Im Predigtdienst geht es darum, die gute Botschaft vom Königreich Gottes zu verbreiten und Jünger zu gewinnen. Dabei verblüffen sie vor allem durch ihren Umgang mit der Bibel, durch ihre Bereitschaft, so engagiert für ihren Glauben zu werben und ihr eigenes Leben aufs Spiel zu setzen, um in das Paradies zu kommen.

61 Was sind Kritikpunkte an den Zeugen Jehovas?

Es bestehen meiner Meinung nach verschiedene Kritikpunkte an den Zeugen Jehovas:

a) Im Umgang mit der Bibel wird von einer Steinbruch-Auslegung gesprochen, die Bibelstellen nur sehr selektiv wahrnimmt bzw. die Stellen, die nicht in das eigene Lehrgebäude passen, werden ignoriert oder in der eigenen Übersetzung »passend übersetzt«.[69]

b) Mangelnde Toleranz gegenüber Andersgläubigen und Kritikern. Sollte z. B. ein Familienmitglied der Meinung sein, daß es mit der Lehre oder der Organisation nicht mehr übereinstimmt, so kann es passieren, daß es von der Familie »nicht mehr gegrüßt und in das Haus aufgenommen wird«.

c) Die Einstellung zum Staat ist hochproblematisch. Bis zum Mai 1996 war es Zeugen nicht möglich, Zivildienst zu leisten, weil sie der Meinung waren, daß sie

damit ein Teil der Welt würden, ihre Loyalität gegenüber Gott verletzen. Eher waren sie bereit, ins Gefängnis zu gehen. Auch das Wählen, eines der Grundrechte der Demokratie, wurde als Verstoß gegen Gottes Gebot angesehen. Seit neuestem ist es möglich,
sich bei nichtpolitischen Wahlen (z. B. der Klassen-
sprecherwahl) zu beteiligen.

d) Die Isolation von Kindern und Jugendlichen, weil einige Eltern der Meinung sind, daß viele altersgemäße
Aktivitäten (Geburtstagsfeiern, Kinobesuche, Weih-
nachtsfeiern, Osterfeiern etc.) nicht gottgefällig sind.
Die Kinder können es dadurch besonders schwer haben, mit anderen Kindern in Kontakt zu bleiben.

62 Was ist das Universelle Leben?

Das Universelle Leben geht davon aus, daß es heute wieder
Offenbarungen gibt. Gott spricht durch seine Propheten:

> »Vor etwa einem Jahrzehnt gab Christus im Universellen
> Leben eine grundlegende Offenbarung, in welcher Er die
> Errichtung Seiner Mysterienschule zur Lehre des Inneren
> Weges ankündigte.«[70]

Gegründet wurde es unter dem Namen »Heimholungswerk Jesu Christi« von Gabriele Wittek (*1933), die davon berichtet, daß sie 1975 von Gott zu seiner Prophetin
berufen wurde. In dem Buch »Aus dem Leben der Prophetin Gottes«[71] erzählt sie, daß sie für das Lehr- und Prophe-
tenamt schon in der »Vorinkarnation« vorbereitet wurde.

Das Universelle Leben vertritt die Ansicht, daß man Jesus nicht in den großen Religionen findet, sondern im eigenen Ich. Die Bibel ist durch die Kirchen verfälscht worden, so daß Jesus sie heute durch das Prophetenwort erklärt und gegebenenfalls berichtigt. Diese Erläuterungen sind in dem Buch »Das ist Mein Wort« zusammengefaßt. Die Lehraussagen über die Schöpfung und den Weg der Erlösung werden meiner Einschätzung nach vor allem vor einem esoterischen Hintergrund verständlich. Die Menschen sind »Fallwesen«, die als Ergebnis des Aufstandes eines Teiles der Geistwesen im Himmel gegen Gott entstanden sind. Christus wurde auf der Welt inkarniert, um die gefallenen Geistwesen wieder zu Gott zurückzuführen. In seinem Kreuzestod teilte er allen Wesen den »Erlösungsfunken« mit, aber noch leben die Menschen von Gott abgewandt, vom Karma[72] belastet in den Kreislauf der Wiedergeburten eingebunden. Der »innere Pfad« ist die Möglichkeit, sich von Karma und Reinkarnation zu befreien, um dann als Geistwesen in den Himmel zu gelangen. Der »innere Pfad/Weg« ist ein Meditationskurs, der weitere Reinkarnationen überflüssig machen soll. Geistiges Heilen durch Glaubensgebet und Heilmeditationen wird praktiziert.

Das Universelle Leben versteht sich nicht als Kirche, sondern als ein freier Zusammenschluß von Tatchristen. Zeremonien und Priester sind unbekannt. Innerhalb des Universellen Lebens gibt es noch die Gemeinde »Neues Jerusalem«[73]. Die Gruppe hat inzwischen am Untermain eine eigene Infrastruktur mit Klinik, Handwerksbetrieben, Einkaufsmarkt, Verlag, Seniorenheim, Schule, landwirtschaftlichen Betrieben etc. errichtet. Geworben wird per Kleinanzeigen, eigene Radiosendungen, Zeitschriften, wie auch durch Plakatwerbungen.

Neben den publizistischen Produkten fällt das Universelle Leben in der Öffentlichkeit auch durch den rüde erscheinenden Ton im Umgang mit Kritikern und Gegnern auf. Kirchen, staatliche Institutionen und private Selbsthilfegruppen können der Meinung sein, daß man versucht, sie einzuschüchtern. So wurde z. B. bei einem bayrischen Ministerium der Antrag gestellt, den beiden Kirchen die Körperschaftsrechte abzuerkennen, da diese demokratiefeindlich seien und die Glaubensgemeinschaft des Universellen Lebens verfolgten. Der Antrag wurde kostenpflichtig abgelehnt.

63 Was sind die Lehren der Scientology-Organisation?

Im Jahre 1954 gründete der Schriftsteller L. Ron Hubbard die »Church of Scientology California«. Mit diesem Datum beginnt die Geschichte von Scientology, angefangen hatte sie jedoch bereits vier Jahre zuvor. 1950 erschien das Buch »Dianetik: Die moderne Wissenschaft der geistigen Gesundheit«, das Buch, das den Grundstock für Scientology legen sollte. Die von Scientology seit diesem Zeitpunkt propagierten Techniken versprechen, daß letztlich alles Leid und Elend beseitigt werden können.

L. Ron Hubbard ging davon aus, daß der Mensch aus verschiedenen Teilen zusammengesetzt ist: aus Körper, Verstand und Thetan. Der Thetan kann ohne Körper und Verstand existieren. Er ist ein unsterbliches geistiges Wesen, das »wissentlich und willentlich Ursache über Leben, Denken, Materie, Energie, Raum und Zeit«[74] ist. Umgangssprachlich würde man den operierenden Thetan sicher als Gott bezeichnen. Der Mensch hat keinen Thetan, er ist Thetan. Allerdings sind die göttlichen Fähigkeiten verschüttet, sie müssen erst wieder befreit werden, damit der Mensch Raum, Zeit, Materie und Leben beherrscht.

Um dahin zu gelangen, muß sich der Mensch auf die Brücke zur absoluten Freiheit begeben. Mit einem ausgefeilten Kursprogramm sollen die negativen »Daten« in einem Menschen ausgelöscht werden. Dazu ist es notwendig, alle traumatischen Erinnerungen, die sich bis zu diesem Zeitpunkt ereignet haben, aufzuspüren und zu löschen. Diese traumatischen Erinnerungen (Engramme) sind verantwortlich für alle seelischen und geistigen Defekte, für körperliche Krankheiten etc. Wenn sie den analytischen Verstand nicht beeinflussen würden, gäbe es in der Welt keine Unterdrückung, keine Armut und keine Kriege. Durch das sogenannte Auditing versucht der Auditor, die in der Vergangenheit liegenden Ursachen aufzuspüren und zu löschen. Hat ein Mensch alle seine Engramme löschen lassen, wird er als Clear bezeichnet. Er kann sich dann stufenweise zum operierenden Thetan entwickeln.

64 Wer ist Sri Chinmoy?

Durch Großveranstaltungen, wie z. B. »Friedenskonzerte« oder den »Friedensläufen«, wurde der 1931 in Indien geborene Sri Chinmoy auch in Europa bekannt. In der Öffentlichkeit wird er als überragender Dichter, Maler,

Musiker[75] und Sportler vorgestellt, der seit 1970 bei der UNO in New York eine Meditationsgruppe[76] leitet. Er vertritt eine europäisierte Form des Neo-Hinduismus, bei dem drei Aspekte im Mittelpunkt stehen: die Hingabe an den Meister und Guru, die Meditation und die Welttransformation. Die hinduistische Vorstellung der Reinkarnation und die des Karmas[77] sind Bestandteil des Weltbildes. Der Guru Sri Chinmoy ist das Vorbild und der Mittler zur Erleuchtung. Er selber hat das Ziel zur Gottverwirklichung bereits erreicht, so daß man durch die Verbindung mit ihm, durch Meditation und selbstlosen Dienst auf seinem eigenen Weg weiter voranschreiten kann. Kunst und Sport sind Mittel zur Gottverwirklichung und sollten ebenfalls dazu dienen, die Welt zu transformieren[78].

Regelmäßige Meditation steht deshalb im Mittelpunkt. In zahlreichen Zentren und Meditationsgruppen kann man in die Meditation eingeführt werden. Vorträge von Anhängern über Yoga und Meditation und die Großveranstaltungen dienen dem Zweck der Mission und der Übermittlung der Kraft des Gurus.

65 Was ist die Priesterbruderschaft St. Pius X.?

Die Priesterbruderschaft St. Pius X. wurde 1970 von dem katholischen Erzbischof Marcel Lefebvre (1905–1991) gegründet. Lefebvre, der 1955 zum Bischof geweiht wurde, war einer der konservativen Wortführer beim Zweiten Vatikanischen Konzil[79] in Rom. Er verteidigte die traditionellen Lehren der Kirche gegen jegliche Form der Modernisierung und Liberalisierung. Lefebvre sah in den Ergebnissen des Konzils ein Werk der Zerstörung der Kirche. Die wichtigsten auf dem Konzil verabschiedeten Erklärungen und Dekrete[80] lehnte er ab. Mit der 1970 in der Schweiz gegründeten Priesterbruderschaft wollte er eine ordensähnliche kirchliche Gemeinschaft schaffen, die in der ganzen Welt Schulen, Priesterseminare zur Ausbildung von Priestern und Priorate zur Seelsorge einrichtet. Zu den alten kirchlichen Richtlinien, wie sie Lefebvre vertrat, gehören unter anderem:

- die Feier des Hl. Meßopfers nach dem tridentischen Ritus[81] in lateinischer Sprache;
- die Spendung der Kommunion als Mundkommunion[82];
- die Vermeidung der Profanierung der Liturgie.

Zeitgleich gründete er in Ecône (ebenfalls in der Schweiz) ein Priesterseminar. Am 26. März 1976 weihte er zum ersten Mal, obwohl ein päpstliches Verbot bestand, 13 Diakone und 13 Priester. Daraufhin wurde er vom Bischofsamt suspendiert[83], weil er sich der Autorität des Papstes widersetzt und die Konzilsbeschlüsse insgesamt verworfen hatte. In den folgenden Jahren bis 1988 weihte er immer wieder unerlaubt Priester, um sein Werk zu vergrößern. Zum endgültigen Bruch mit der katholischen Kirche kam es, als er am 30.6.1988 vier Bischöfe weihte, ohne die dafür notwendige Zustimmung des Papstes zu haben. Nach katholischem Verständnis haben durch diese Handlung der Weihende wie auch die vier geweihten Männer die Gemeinschaft mit der Kirche verlassen. Sie haben sich durch diese Handlung selber exkommuniziert. Neben der Abspaltung von der Kirche kam es auch zu einer Spaltung innerhalb der Gemeinschaft, da nicht alle Mitglieder den Schritt der Priesterweihe mittragen wollten. So entstand in Rom die »Priesterbruderschaft St. Petrus«, die als reguläre katholische Vereinigung anerkannt wurde.

Heute ist die Priesterbruderschaft St. Pius X. in über 24 Ländern, mit über 500 Kirchen und Kapellen, über 300 Priestern und mehr als 100 Ordensschwestern aktiv.

66 Wie gefährlich ist die Mitgliedschaft bei den Zeugen Jehovas?

Die Mitgliedschaft bei den Zeugen Jehovas kann lebensgefährlich werden, wenn man deren Bibelauslegung folgt, denn danach ist es ein göttliches Gebot, daß sich der Mensch des Blutgenusses enthalten soll. Selbst bei einem Unfall oder einer schweren Operation ist eine Bluttransfusion ein Verstoß dagegen. Sogar eine Eigenblutspende, bei der das Blut zwischengelagert wurde, ist nicht akzeptabel.

Wer eine solche Handlung begeht und es nicht bereut, der muß damit rechnen, daß er aus der Gemeinschaft ausgeschlossen wird, und er hat seine Chance vertan, für ewig im Paradies zu leben. Die Zeugen unterscheiden hier nicht zwischen Erwachsenen und Kindern, dieses göttliche Gebot gilt für alle Menschen. Kritiker sind der Meinung, daß die biblische Begründung, die für dieses Gebot herangezogen wird, letztlich eine Fehlinterpretation der Bibel ist.[84]

Kinder und Jugendliche, deren Eltern eine sehr strenge Glaubensauffassung vertreten, können sich isoliert fühlen, weil die Eltern sehr genau darauf achten, daß ihre Kinder nur einen »guten« Umgang haben. Und der ist im Zweifelsfall nur unter Gleichgesinnten möglich.

67 Wie gefährlich ist die Mitgliedschaft bei Scientology?

Ehemalige Mitglieder von Scientology berichten, daß es eine Hauptgefährdung gebe: Es bestehe die Gefahr, daß man durch die vielen und teuren Kurse sein Eigentum verliere. In den Texten von Scientology gibt es Hinweise darauf, daß es besser ist, dem potientiellen Kunden nicht zu sagen, was er investieren kann oder muß:

> »Ich habe festgestellt, daß wir Personen bei ihrem ersten Kontakt über Training und Auditing verschiedene Male erschreckt haben, indem wir ihnen hohe Preise für Training und Auditing genannt haben.
>
> Jeder, der dies tut, mißversteht unsere grundlegende Mission, die nicht in der Berechnung hoher Preise besteht, sondern in der Verbreitung der Scientology mit dem Endziel, der Erde eine neue und bessere Kultur zu bringen.
>
> Wenn wir neuen Leuten hohe Preise nennen, dann verhindern wir aber auch die Erreichung eines finanziellen Ziels.«[85]

Aus der Überzeugung heraus, daß man durch die Kurse den Zustand als Thetan erreichen kann, den Zustand der Unsterblichkeit, seien die Preise noch viel zu niedrig.

»Auditing ist bereits die billigste Behandlungsmethode, die
es gibt. Sie ist billiger, ohne daß man den Zeitfaktor, um ein
Resultat zu erzielen, als Argument verwenden müßte. [...]
Wieviel ist einem Menschen ein Leben wert? Wieviel ist es
wert, überhaupt nicht sterben zu müssen? Das, glaube ich,
kann man nicht mit einem Preisschild kennzeichnen. Wir
kaufen die wirkliche Befreiung vom Tod selbst. Rabatte?
Wie verrückt. Die Person hatte Glück, daß wir überhaupt da
waren und uns für sie interessierten.«[86]

Und sollte ein Kunde nicht mehr in der Lage sein, die
finanziellen Mittel aufzubringen, dann sollte der Verkäu-
fer

»...mit den Grundlagen der Finanzierung und den gegen-
wärtigen wirtschaftlichen Zuständen der Gesellschaft vertraut sein, um fähig zu sein, die Finanzen des potentiellen
Kunden zu handhaben. Wissen über Bankdarlehen, Hypo-
theken, wie man Aktien verkauft, etc. ist sehr nützlich.«[87]

Die Folge kann eine vollkommene Überschuldung sein.
    Auch bei Scientology sind die Gefahren zu benennen,
die bei den meisten anderen Sekten ebenfalls auftreten
können: Konflikte mit dem bisherigen sozialen Umfeld
etc.

WIE KANN MAN SICH UND ANDERE SCHÜTZEN?

68 Dürfen Sekten an Schulen und Kindergärten werben?

Schulen und Kindergärten sind für jegliche Art der Werbung besonders interessant, weil Kinder und Jugendliche zum einen leichter zu beeinflussen sind, zum anderen man über die Kinder auch sehr leicht die Eltern erreichen kann.

In den letzten Jahren sind immer wieder Berichte bekannt geworden, nach denen Sekten versucht haben, über Tanzgruppen, pädagogisches Spielzeug etc. in öffentliche Schulen und Kindergärten zu gelangen.

Immer dann, wenn Schulleiter oder Lehrer – meist in Unkenntnis der Zusammenhänge – solche Aktionen in ihren Schulen geduldet haben, haben sie gegen die einschlägigen Richtlinien verstoßen.

69 Freunde meiner Kinder sind in einer Sekte, ist das gefährlich?

Manche Eltern würden als erste Reaktion ihren Kindern den Umgang mit den Sekten-Kindern untersagen. Aus Angst, daß die eigenen Kinder in eine gefährliche Situation kommen, erachten sie eine Kontaktsperre für den einzig gangbaren Weg.

Ich würde einen anderen Weg gehen. Ich würde den Kontakt nicht verbieten, weil ich auf diese Weise unschuldige Kinder dämonisiere. Ich würde im Gegenteil die Kinder möglichst oft zu mir einladen. Sie können dann miteinander spielen, und die Gäste haben die Chance, außerhalb ihrer meist sehr geschlossenen Gruppe Kontakte zu pflegen. Ich selbst kann dabei kontrollieren, ob und inwieweit meine Kinder mit dem Gedankengut der Sekte in Kontakt kommen. Gemeinsame Kino- und Eisbahnbesuche wären für mich ebenfalls unproblematisch. Allerdings würde ich sehr genau meinen Kindern zuhören, was sie erleben und was die Gesprächsthemen zwischen den Kindern und mit deren Eltern sind. Sollte es von seiten der Kinder oder deren Eltern Missionierungsversuche geben, auch wenn sie »nur« verdeckt stattfinden, dann würde ich mit den Eltern ein klärendes Gespräch führen und darum bitten, daß dies in Zukunft unterbleibt. Die weitere Vorgehensweise hängt von der Reaktion der betroffenen Eltern ab.

Einige Sekten haben spezielle Bücher und Zeitschriften für Kinder und Jugendliche. In »kindgerechter« Weise werden dort teilweise die Lehren der Sekte aufbereitet. Unter zwei Aspekten sollte man sich solche Schriften anschauen, wenn die eigenen Kinder diese mit nach Hause bringen: Stimme ich mit den religiösen Aussagen überein? Lösen die Themen und Bilder Ängste bei meinen Kindern aus?

Wenn ich das Lehrgebäude der Gruppe kenne, dann ist es vielleicht möglich, mit den eigenen Kindern in einer angemessenen Weise darüber zu sprechen und zu begründen, warum man selber eine andere Meinung hat. Dies setzt allerdings voraus, daß man sich selber sehr sachlich über die andere Weltanschauung informiert und daß man einen eigenen, begründeten Standpunkt hat. Sollten Bilder und Texte bei Kindern Ängste auslösen, in dem sie z. B. sehr anschaulich schildern, wie die Feinde

im Endkampf vernichtet werden, dann würde ich dagegen einschreiten.

70 Gibt es Fortbildungseinrichtungen, hinter denen Sekten stehen?

Bei Scientology ist bekannt, daß sie verschiedene Wege
einschlägt, um ihr Gedankengut zu verbreiten. Neben
ABLE, der Assoziation für besseres Leben und Erziehung, ist das Z.I.E.L., Zentrum für individuelles und ef-
fektives Lernen, bekannt.

Der Anspruch von Scientology ist hoch: Mit den dort
entwickelten Techniken soll es möglich sein, alle Probleme zu beseitigen, um zu menschlicher Vollkommenheit
zu gelangen. So wird selbst eine »Kinder-Dianetik« angeboten, um glückliche Kinder zu erziehen.

Sollten Sie bei einer Fortbildungseinrichtung bezüglich der Hintergründe Bedenken haben, fragen Sie ausdrücklich nach den Methoden, dem weltanschaulichen
Konzept und vor allem nach der Qualifikation der Trai-
ner. Sollten danach noch immer Zweifel bestehen, dann
fragen Sie bei einer staatlichen, kirchlichen oder privaten Beratungsstelle nach. Einige Adressen finden Sie ab
Seite 174. In der Regel können diese Stellen zuverlässig
Auskunft geben.

71 Gibt es Listen, auf denen Sekten-Firmen stehen? Was ist davon zu halten?

Einige Autoren und Informationsdienste verbreiten Listen, auf denen vor allem Firmen aufgeführt sind, die in irgendeiner Nähe zu Scientology stehen.

Im Augenblick gibt es in der Öffentlichkeit ein berechtigtes Interesse zu erfahren, bei welchen Unternehmungen die Gefahr besteht, in die Fänge einer Sekte zu geraten bzw. wo man ungewollt eine Sekte finanziell unterstützt, indem man dort kauft oder an Kursen teilnimmt. Aber insgesamt muß man sagen, daß solche Listen aus zwei Gründen hoch problematisch und prinzipiell sehr fehleranfällig sind, weil einige Informationen häufig aufgrund von Gerüchten etc. zustande kommen.

1. Solche Listen sind nur dann sinnvoll, wenn sie gut recherchiert wurden und wenn sie zum Augenblick des Informationsinteresses auf dem aktuellen Stand sind.
2. Die Listen vermitteln eine Sicherheit dadurch, daß sie suggerieren, daß alle Unternehmungen, die von Sekten unter Tarnnamen betrieben werden, bekannt wären. Eine solche Sicherheit kann es aber nicht geben, weil die Sekten natürlich durch Neugründungen, Umbenennungen oder Austausch von Personal versuchen werden, ihre Tarnung aufrechtzuerhalten.

Mein Vorschlag heißt deshalb, selber wachsam zu sein. Gerade im Bereich von Psychokursen ist es sinnvoll, darauf zu achten, ob es Anzeichen für Techniken oder Inhalte gibt, deren Ursprung bei einer Sekte liegen könnten. Wann immer konkrete Hinweise auftauchen, sollte der Weg zu einer Beratungsstelle nicht gescheut werden. Anhand der mitgebrachten Informationen und Materialien ist eine aktuelle Einschätzung möglich.

72 Sind Kinder besonders gefährdet?

Ja, denn Kinder und junge Menschen sind in der Regel weniger kritisch und leichter beeinflußbar. Gleichzeitig befinden sie sich in der Entwicklung zu einer reifen Person. In dieser Phase sind sie besonders empfänglich für alle möglichen alternativen Angebote, so daß sie unter Umständen leichter bereit sind, etwas Neues, Außergewöhnliches auszuprobieren.

Die Frage ist, ob Kinder und Jugendliche, auch dann, wenn ihre Eltern keine Sektenmitglieder sind, gezielt angesprochen und geworben werden: Die Erfahrungen haben gezeigt, daß hier vor allem auf der persönlichen und privaten Ebene Kontakte stattfinden. Freunde sprechen Einladungen an Schulkameraden aus, Bücher und Hefte, die speziell für Kinder und Jugendliche verfaßt wurden, werden verteilt. Und so kann es passieren, daß Kinder sich von der Welt der Sekte, ihren Vorstellungen oder einfach auch nur von dem Zusammenhalt der Gruppe angezogen fühlen.

73 Wie kann ich mein Eigentum vor dem Einfluß von Sekten schützen?

Es gibt einige allgemeine Regeln, was man – nicht nur – im Umgang mit Sekten beachten sollte. Eine heißt, daß man niemals etwas vor Ort, z. B. an einem Schriftenstand, bei einer kostenlosen Werbeveranstaltung unterschreiben sollte. Nehmen Sie alle Unterlagen mit nach Hause, wo Sie sie in Ruhe studieren können. Dort können Sie sich auch mit einer Person ihres Vertrauens beraten. Sollten Sie keine Unterlagen mitnehmen können, weist man auf ein einmaliges Angebot hin, was nur hier und heute gilt, oder versucht man auf ein andere Weise auf Sie Druck auszuüben, dann ist äußerste Vorsicht geboten.

Einige Gruppen werben nur durch Mund-zu-Mund-Propaganda. Sie werden als Freund zur Werbeveranstaltung mitgebracht, und Sie sollen dann geworben werden. Man möchte den Freund nicht enttäuschen, man ist von der ganzen Atmosphäre begeistert, und auch das Angebot klingt verlockend. Trotzdem: Tun Sie nichts nur der Freundschaft wegen. Auch dann nicht, wenn der Freund unter Umständen bereit ist, die notwendige Anzahlung an Ort und Stelle für Sie vorzustrecken. Bei einigen Gruppen ist die sehr starke Beziehungsebene Teil der Verkaufsstrategie. Lassen Sie sich dadurch nicht blenden, und vor allem, bezahlen Sie unter keinen Umständen große und umfangreiche Seminarpakete, ohne daß Sie sich sicher sind, daß Sie diese Seminare auch wirklich absolvieren möchten oder daß Sie ein ausdrückliches Rücktrittsrecht haben.

Gleiches gilt auch für Schenkungen und Erbschaften, die einer Religionsgemeinschaft vermacht werden sollen: nichts überstürzt entscheiden und sich Zeit nehmen. Lassen Sie sich von unabhängiger Seite beraten, der Besuch bei einem Anwalt kann manchmal billiger sein als das, was man an Geld verliert, weil man sich über die Konsequenzen nicht im klaren war.

74 Wie kann man erkennen, ob hinter Fortbildungskursen das Gedankengut von Sekten steht?

Für Laien ist es meist sehr schwer zu erkennen, wer hinter bestimmten Forbildungskonzepten steht. Der Markt der Psychokurs-Anbieter ist inzwischen unüberschaubar geworden. Sollten Ihnen Zweifel kommen, gibt es letztlich nur zwei Wege: den Anbieter selber fragen, und wenn die Zweifel so nicht ausgeräumt werden, dann eine kompetente Beratungsstelle aufsuchen.

75 Wo bekomme ich genaue Informationen über einzelne Gruppen?

Anhand der ausführlichen Literaturliste im Anhang dieses Buches (siehe Seite 171) ist es möglich, einen Überblick über die gesamte Weltanschauungsszene und spezielle Gruppen zu bekommen.

Darüber hinaus haben die großen Kirchen, einige

Bundesländer wie auch freie Anbieter und Selbsthilfegruppen Beratungsstellen eingerichtet, bei denen man telefonisch oder auch persönlich beraten wird.

Wichtig ist in allen Fällen, daß man den Beratern
möglichst viele Informationen zur Verfügung stellt, damit diese sich selber ein Bild machen können. Deshalb
empfehle ich immer, möglichst alle greifbaren Informationen wie Handzettel, Anzeigentexte, Kursmaterialien
etc. mitzunehmen. Meist läßt sich dann sehr schnell klären, was von einer bestimmten Gruppe zu halten ist.

WIE KANN MAN HELFEN?

76 Bei welcher Institution kann ich mich beraten lassen?

Verschiedene Institutionen haben inzwischen erkannt, daß die Beratung von Angehörigen, ausstiegswilligen oder ehemaligen Sektenmitgliedern eine wichtige Aufgabe ist. Neben der reinen Information, was die Lehren und Hintergründe bei verschiedenen Gruppen sind, ist auch die Begleitung von Menschen eine ganz wesentliche Aufgabe.

Durch den Kontakt mit einer Sekte werden viele Menschen mit neuen, außergewöhnlichen Fragen konfrontiert. Das Spektrum reicht von Wissens- und Sachinformationen, über juristische und wirtschaftliche Problemstellungen bis hin zu einer therapeutischen Beratung. Sowohl die großen Kirchen, einige Landesregierungen wie auch freie Vereine und Selbsthilfeorganisationen haben in den letzten Jahren ein dichtes Netz von Auskunfts- und Beratungsstellen geknüpft. In der Regel sind diese entweder selber in der Lage, die oben genannten Beratungsaufgaben durchzuführen, oder aber sie können lokale Adressen von kompetenten Experten vermitteln.

Geht es um alternative Heil- und Behandlungsmethoden, können die Stiftung Warentest in Berlin und die regionalen Verbraucherberatungen bei einigen Verfahren Hinweise über die Wirkweise und Methoden geben.

Anhand des ausführlichen Adressenverzeichnisses im Anhang (siehe Seite 174) ist es möglich, eine lokale Beratungsstelle ausfindig zu machen.

77 Gibt es Selbsthilfegruppen?

Einige Ehemalige haben sich zu Selbsthilfegruppen zusammengeschlossen. Dahinter steht die Erfahrung, daß in
einer Gruppe von Menschen, die die gleichen oder ähnliche Erfahrungen gemacht haben, die ersten Bedürfnisse
nach dem Ausstieg besonders gut befriedigt werden. Dazu gehört *a) das Zuhören:* Ehemalige möchten gerne in
aller Ausführlichkeit über ihre Erfahrungen, Erlebnisse
und Verletzungen erzählen. Das Erzählen ist Teil des
Loslösungsprozesses und kann nicht abgekürzt werden.
In einer Selbsthilfegruppe wissen alle aus eigener Erfahrung, wie wichtig dies ist, und können deshalb besonders
gut zuhören. *b) Die Bestätigung*, daß man mit seinen
(Schuld-)Gefühlen nicht allein steht, daß andere ähnliche
Erfahrungen hatten. Manche Gruppen arbeiten damit,
daß sie den Anschein erwecken, es gebe nur vereinzelt
negative Erfahrungen, Zweifel oder Kritik so gut wie nie,
und wenn doch, daß dies dann nur einen Mangel an Glauben verdeutliche. Somit werden bei jedem noch so kleinen Zweifel gleichzeitig auch Schuldgefühle spürbar. Die
Erfahrung in einer Selbsthilfegruppe, daß viele andere
ähnliche Erlebnisse und Gefühle hatten, daß es keine persönliche Schwäche war, wird als sehr befreiend empfunden. *c) Die Bereitschaft*, andere vor der Gruppe zu warnen. Kurz nach dem Austritt ist die Bereitschaft, andere
vor den gefährlichen Gruppen zu warnen, sehr groß. Teilweise entsteht daraus ein Eifer zur Gegenmission, mit der
die »armen Opfer« befreit werden sollen. In einer Gruppe
von Gleichgesinnten ist es möglich, das Engagement in

sinnvolle Bahnen zu lenken. Für mich gehört z. B. dazu, als Ansprechpartner für Angehörige bzw. Interessierte zur Verfügung zu stehen. *d) Konkrete Unterstützung:* Manchmal sind nach einem Austritt oder einem Ausschluß ganz einfache, lebenspraktische Dinge zu klären: Wo kann man wohnen, wie bekommt man Unterstützung, welche Rechtsanwälte sind Experten für diese Fragen etc. Aus eigener Erfahrung wissen die Mitglieder von Selbsthilfegruppen am besten, woran es fehlt. Sie können dadurch sehr praktische Hilfe leisten.

Beratungsstellen, die im Anhang genannt sind (siehe Seite 174), sind in der Regel bereit, Adressen von Selbsthilfegruppen weiterzugeben.

78 Ich möchte weg, was kann ich tun?

Die Frage kann nicht pauschal beantwortet werden. Es hängt ganz entscheidend davon ab, aus welcher Gruppe Sie sich verabschieden wollen, und in welcher Position Sie dort tätig waren. Während in dem einen Fall ein formloses Schreiben an die Zentrale ausreicht, in dem man seinen Austritt erklärt, ist es in anderen Fällen vielleicht sinnvoll, von Anfang an einen Rechtsanwalt mit einzuschalten. Sonst läuft man z. B. Gefahr, daß Geld für nicht erhaltene Leistungen verloren geht oder Fragen des Arbeits- und Versicherungsrechtes nicht beachtet werden.

In einer kompetenten Beratungsstelle kann man die Adresse von zuverlässigen Helfern erhalten, die einem den Ausstieg erleichtern können.

79 Ich werde immer wieder von Sektenmitgliedern belästigt, was kann ich tun?

Unerwünschte Besuche oder der Versuch einer Gruppe, für eine Veranstaltung oder ein religiöses Produkt (eine CD, eine geistliches Buch etc.) zu werben, können lästig fallen. Man hat es satt, immer wieder dieselben Schauergeschichten und Bekehrungserfolge zu hören. Man ist auch nicht der Meinung, daß alle Schlechtigkeiten dieser Welt von Satan initiiert wurden. Oder aber es ist einem einfach nur die Art, wie die Gespräche geführt werden, unangenehm. Kurz: man möchte nicht weiter belästigt werden. Als wenig hilfreich hat sich in solchen Situationen erwiesen, eine Werbe- oder Zeitschrift abzunehmen, evtl. sogar abzukaufen, um so den »Besuch« möglichst schnell zu beenden. Es mag zwar sein, daß in diesem Augenblick die Besucher schnell gehen – ihr erstes Ziel, die Abgabe einer Werbung oder der Verkauf eines Produktes, haben sie erreicht. Aber in der Zukunft werden sie wahrscheinlich wiederkommen: Ihre Strategie wurde als minimales Interesse an der Botschaft gesehen, oder Sie gelten mindestens als leicht überrumpelbar. Sie haben damit ein Dauer-Abo auf neue Heimsuchungen.

Drei Strategien haben sich als hilfreich erwiesen: a) Höflich aber bestimmt erklären, daß man kein Gespräch über religiöse/weltanschauliche Themen wünscht. b) Seinen eigenen Standpunkt knapp aber präzise vorstellen, verbunden mit dem Hinweis, daß man nicht gedenkt, diesen zu ändern, und daß man im Augenblick keine Diskussion darüber führen will. c) Sollte all dies nicht nützen, dann machen Sie im Zweifelsfall von

Ihrem »Hausrecht« Gebrauch. Sie haben damit die Möglichkeit, einer Person das Betreten ihres Hauses, ihrer
Wohnung zu untersagen. Sollte eine Person Ihrer Aufforderung, die Wohnung zu verlassen, nicht Folge leisten,
macht sie sich des Hausfriedensbruchs schuldig. Sie haben dann die Möglichkeit, mit Hilfe der Polizei Ihr
»Hausrecht« durchzusetzen. In den meisten Fällen reicht
es aus, darauf hinzuweisen.

Sollten trotzdem dieselben »Missionare« wieder auf
der Hausmatte stehen oder Ihnen erneut Werbebro-
schüren zuschicken, dann ist für mich der Zeitpunkt gekommen, einen Anwalt einzuschalten. Er kann dann an
die Organisation eine strafbewehrte Unterlassungserklä-
rung senden, mit der weitere Werbeversuche gestoppt
werden sollen.

Gerade in größeren Häusern oder Wohnanlagen fragen die »Werber« nach Mitbewohnern (»Ist die Nachba-
rin XYZ zu Hause? Gibt es einen Kranken im Haus?«
etc). In solchen Fällen ist äußerste Vorsicht am Platz.
Zum einen suchen sie auf diese Weise Informationen[88]
zu sammeln, die sie wiederverwenden können, zum anderen könnte Ihr Name dann als Referenz mißbraucht
werden (»Wir haben gerade mit Frau X gesprochen. Sie
hat uns zu Ihnen geschickt...«). Hier gilt, wie in anderen
Zusammenhängen auch: Keine oder möglichst wenige
Informationen herausgeben!

80 Ist es sinnvoll, einen Familien- angehörigen mit Gewalt aus einer Sekte zu holen?

Vor allem für Eltern scheint der Weg des Deprogramming ein Mittel zu sein, mit dem sie ihre Kinder aus den Fängen einer Sekte befreien können. Dabei werden die Menschen unter einem Vorwand an einen neutralen Ort gelockt und dann mit Gewalt, das bedeutet, gegen ihren eigenen Willen, festgehalten. Durch die Konfrontation mit Hintergrundinformationen über die Sekte, die Führer, die Lehre versucht man den Menschen zu entideologisieren (vergleiche dazu auch *Frage 24*, Seite 57).

Problematisch an diesem Verfahren erscheinen zwei Aspekte: Eine Person gegen ihren erklärten Willen festzuhalten, ist Freiheitsberaubung. Alle gewalttätigen Befreiungsversuche basieren auf der Grundüberzeugung, daß der Mensch eigentlich nicht in der Sekte sein will, wenn er wirklich frei entscheiden könnte. Er wurde allerdings so indoktriniert, daß er zu einer solchen freien Entscheidung nicht mehr in der Lage ist. Aber wie kann man feststellen, daß ein Mensch zu einer solchen Entscheidung nicht mehr fähig ist? Bei den meisten Sekten muß man eine solche freie Entscheidung für die Gruppe wohl unterstellen. Auch dann, wenn nicht jeder über jede Einzelheit der Organisation, Struktur oder Lehre Bescheid weiß. Anders sieht die Situation allerdings aus, wenn der Verdacht besteht, daß die Gruppe einen rituellen/ideologischen Selbstmord begehen könnte. In dem Augenblick, in dem Gefahr für Leib und Leben des einzelnen besteht, ist es möglich, von außen einzugreifen, um das Leben zu schützen.

Zusätzlich ist zu prüfen, ob es nicht Gründe gab, die in der Familie oder in der Umwelt lagen, so daß das Sektenmitglied erst für die Gemeinschaft der Sekte empfänglich wurde. Der gewalttätige Befreiungsversuch ändert nichts an diesen Ausgangsbedingungen, so daß die Wahrscheinlichkeit groß ist, daß man trotz Deprogramming wieder zurückkehren möchte.

81 Mein Partner geht in eine Sekte, was soll ich tun?

Eine Partnerschaft leidet besonders darunter, wenn ein Partner fast fanatisch bestimmte Weltanschauungen vertritt, die der andere Partner nicht teilen kann und will.

Zu einer wirklichen Bewährungsprobe kommt es dann, wenn die Beziehung dadurch ganz real gestört wird: Der Partner hat keine Zeit mehr für das Familienleben, weil er fast ausschließlich für die neue Gemeinschaft unterwegs ist; der Partner versucht beharrlich, den Rest der Familie zu bekehren, so daß dies die einzigen Gesprächsthemen sind, oder neben der Zeit wird auch das Eigentum für die Ziele der Sekte geopfert.

Durch eine Sektenmitgliedschaft zeigen sich wie durch ein Vergrößerungsglas Probleme in der Beziehung in einer besonderen Schärfe, es ist aber durchaus auch möglich, daß neue Probleme hinzutreten. Als wichtigste Grundregel im Umgang kann gelten: *Nicht gegenmissionieren!* So sehr man davon auch überzeugt sein mag, daß der Partner in eine Irrlehre geraten ist, so wenig hilfreich sind Missionsversuche. Abgesehen davon, daß es fraglich ist, ob man inhaltlich die Diskussion »gewinnen« kann, bringt man vor allem seinen Partner dadurch in eine Abwehrhaltung. Er und die neue Gemeinschaft werden angegriffen, und so verteidigt man sich und die neue geistige Heimat mit Zähnen und Klauen. Die meisten Gruppen bereiten ihre neuen Mitglieder von Anfang an darauf vor, daß sie in eine solche Situation kommen werden. Deutungsmuster und Argumentationshilfen stehen bereit. Ein Mensch, der in einen Verteidigungskampf gedrängt wird, der hat nicht mehr die Chance, selber zu entdecken, was in seiner Gruppe problematisch und negativ sein könnte.

Eine Haltung, in der man Verständnis zeigt, zuhört und den Menschen akzeptiert, ohne daß man die neue Heilslehre frontal angreift, hält den menschlichen Kommunikationskanal offen. Dieser ist dann wichtig, wenn es zu den ersten unangenehmen und negativen Erfahrungen kommt. Das, was man am eigenen Leib erfährt, ist eindrücklicher und wirkungsvoller als das, was man hört oder liest. Im Augenblick eines Zweifels ist es gut, einen Gesprächspartner zu haben, der außerhalb der Gruppe steht. Bei Gruppenmitgliedern werden die Zweifel-Unterdrückungs-Mechanismen in Gang gesetzt (siehe *Frage 3*, Seite 22), mit der die eigenen und fremden Zweifel ausgetrieben werden. Der Außenstehende, der weder Angst vor Bestrafung hat noch Zweifel als Glaubensschwäche sieht, der ist vielleicht der einzige wirkliche Gesprächspartner.

Je nach Bekehrungsdruck, der von seiten des Partners ausgeübt wird, kann es sinnvoll sein, einige Verhaltensregeln miteinander auszumachen. Ist der Bekehrungsdruck sehr hoch, kreisen die Gespräche daheim nur noch um die neue Lehre, das versprochene Paradies und die Notwendigkeit, sich möglichst bald zu bekehren, leidet die ganze Beziehung darunter. Man sollte sich vor Augen halten, daß das neue Sektenmitglied wirklich davon überzeugt ist, eine wertvolle Perspektive für die Zukunft gefunden zu haben.[89] Und das, was einem selber lieb geworden ist, möchte man natürlich mit den Menschen, die einem am nächsten stehen, teilen. Und wenn man dann noch davon überzeugt ist, daß das Weltende der Tod für alle Ungläubigen bedeutet, dann ist es schwer zu ertragen, daß Familie und Freunde bewußt ins Verderben stürzen. Man möchte auch sie gerettet wissen, notfalls auch mit leichtem Druck. Es ist leicht zu verstehen, daß unter solchen Rahmenbedinungen die Beziehung sehr schnell leidet. In einer Art Vertrag kann man gemeinsam festlegen:

- uns ist unsere Beziehung/Partnerschaft so viel wert, daß wir folgende Vereinbarung treffen;
- wir respektieren gegenseitig die religiösen und weltanschaulichen Ansichten;
- wir versuchen nicht, uns gegenseitig zu missionieren;
- wir reden über religiöse/weltanschauliche Themen nur, wenn beide Partner damit einverstanden sind;
- jede Woche/jeden Tag haben wir XX Stunden Zeit, die wir gemeinsam/mit den Kindern gestalten.

Ebenfalls Bestandteil eines solchen Vertrages können finanzielle Angelegenheiten und Fragen, die die gemeinsamen Kinder betreffen, sein.

Wenn von beiden Seiten die Bereitschaft und der Wille bestehen, die Partnerschaft fortzusetzen und die getroffenen Vereinbarungen zu halten, kann ein solcher Vertrag ein Hilfsmittel sein, eine erträgliche Atmosphäre im Haus zu schaffen.

Sollte dies nicht möglich sein und es in Fragen der Finanzen oder der Kindererziehung zu großen Konflikten kommen, kann der nächste Weg nur noch der zu einer Beratungsstelle sein, die notfalls auch juristischen Rat gibt.[90] Unter Umständen gibt es in der Nähe auch eine Selbsthilfegruppe, in der sich Angehörige zum Meinungs- und Erfahrungsaustausch treffen.

82 Sektenkinder sind in der Schulklasse/im Kindergarten, was sollen wir tun?

Auch hier gilt zuerst, wie in allen anderen Fällen: aufmerksam beobachten, was passiert. Solange es keine Anzeichen dafür gibt, daß Kinder missioniert werden sollen, gibt es keinen Grund einzugreifen.

Der Kontakt mit Kindern, die außerhalb der Glaubensgemeinschaft stehen, ist für die Sektenkinder interessant, weil sie somit zum einen ein positives Bild von den Menschen vermittelt bekommen, die nicht zur eigenen Gruppe gehören. Und sie können zum anderen normalen Vergnügungen nachgehen, die dort vielleicht in der eigenen Gemeinschaft verpönt oder verboten sind.

Tritt allerdings der Verdacht auf, daß die Kinder missioniert werden, sollte man sich nicht scheuen, über Lehrer, Schulleitung und notfalls auch die Schulaufsicht dem nachzugehen. Hierbei können die Eltern ihren Wunsch artikulieren, daß sie eine solche Vereinnahmung der Kinder nicht akzeptieren. Sicherheitshalber könnte man dann dafür Sorge tragen, daß die eigenen Kinder nicht mehr unbeaufsichtigt mit den Sektenangehörigen zusammen sind.

83 Soll man den Kontakt zu Sektenmitgliedern abbrechen?

Es kann Situationen geben, in denen die Beendigung einer Beziehung unumgänglich ist. Immer dann, wenn es keine Möglichkeit mehr gibt, gemeinsam auf der Ebene von gegenseitigem Respekt und gegenseitiger Achtung zu verkehren, wenn miteinander ausgehandelte Grenzen ständig und einseitig übertreten werden, dann kann es sinnvoll sein, den Kontakt zu reduzieren oder aber auch ganz abbrechen zu lassen. Aber dies wäre in meinen Augen nur die ultima ratio – die letzte Möglichkeit.

Die Mitgliedschaft in einer Sekte sollte an sich kein Grund sein, eine menschliche Beziehung zu beenden. Gerade durch die in der Sekte wirkenden Mechanismen ist die Beziehung oder Freundschaft zu Außenstehenden besonders wertvoll: Hier erhält man eine »neutrale« Reflexion über das eigene Tun, hier gibt es andere Gesprächsthemen als in der Sekte üblich, und hier ist der Ort, an dem Sorgen, Probleme, aber auch Freude und Zerstreuung ihren Platz finden, was es im Sektenalltag kaum gibt. Wenn es möglich ist, die Beziehung auf einer vernünftigen und menschenfreundlichen Ebene fortzuführen, dann ist dies sicher eine Bereicherung. Als Hilfestellung können hier die Regeln gelten, die oben (siehe z. B. *Frage 81*, Seite 142) bereits genannt wurden.

84 Was ist die Aufgabe der kirchlichen Sektenbeauftragten?

Die Kirchen sehen ihre Weltanschaungsberatung nicht als Mittel in einem Konkurrenzkampf an. Für sie steht die Seelsorge in Lebenskreisen im Mittelpunkt. Voraussetzung für eine solche Beratung ist das Beobachten und Sammeln von Informationen. Anhand dieser Informationen ist es dann möglich, bei Anfragen Materialien zur eigenen Entscheidungsfindung zur Verfügung zu stellen.

Die Stärken einer kirchlichen Beratung liegen darin, daß es in allen Bistümern und Landeskirchen Beratungsstellen gibt, und daß sie bei der Frage nach einer religiösen Lebensorientierung Angebote machen können, die neutrale Berater in der Regel nicht haben. Insofern sie nach den Grundregeln der therapeutischen Beratung arbeiten, sind sie uneingeschränkt zu empfehlen.

85 Welche Bücher sind zu empfehlen?

Es gibt zwei Arten von Sekten-Büchern: Aussteiger-Berichte und Reflexionen von Außenstehenden. Die Aussteigerbücher sind dann hilfreich, wenn man erfahren möchte, was man in einer Gruppe erleben und durchleiden kann. In einer meist sehr persönlichen und betroffenen Art wird man mit dem Lebensalltag konfrontiert.

Auf diese Weise erhält man einen sehr guten Einblick in die Gedanken- und Gefühlswelt eines Mitgliedes. Gerade für Angehörige ist es hilfreich, auf diese Weise zu erfahren, was möglicherweise im Kopf des Nahestehenden vorgeht. Als Ausstiegshilfe sind solche Bücher nur bedingt geeignet, weil die Ehemaligen in der Gruppe oft verteufelt werden (siehe *Frage 3*, Seite 22) und die Lektüre von Schriften von Abtrünnigen verpönt ist.

Die Bücher von Außenstehenden gehen meistens mit einem größeren Maß an Distanz und kritischer Reflexion an die Sektenwirklichkeit heran. Sie sind damit nicht mehr so persönlich, gleichzeitig ermöglichen sie aber einen allgemeineren Blick auf die Gruppe. Ihr Wert liegt darin, daß sie meist in kompakter Weise eine große Menge an Hintergrundinformationen vermitteln können. Gelegentlich warnen Sekten ihre Mitglieder vor solchen Publikationen, weil sie angeblich nur Verleumdungen und Falschinformationen enthielten.

Im Anhang (siehe Seite 171) finden Sie ein ausführliches Literaturverzeichnis zur ersten Orientierung.

86 Welche rechtlichen Möglichkeiten gibt es, sich zu schützen?

Die Frage ist, vor wem oder vor was wollen Sie sich schützen? Gegen aufdringliche Anwerbeversuche – sofern sie in Ihrer Wohnung stattfinden – können Sie sich mit dem Hausrecht wehren. Sie müssen bei sich niemanden dulden, den Sie nicht haben wollen. Sollten die Werber auf Ihre Bitte hin (vergleiche auch *Frage 79*, Seite

139) nicht von Ihnen ablassen, dann machen sie sich letztlich des Hausfriedensbruchs strafbar.

Ähnliches gilt für unerwünschte kostenlose Werbung, die Ihnen per Post, Fax, Telefon oder Boten zugestellt wird. Sie haben auch hier die Möglichkeit, dieses zu untersagen. Im Zweifelsfall helfen Verbraucherberatungen oder Rechtsanwälte dabei, Ihr Recht durchzusetzen.

Andere Menschen, die bereits volljährig sind, vor dem Einfluß von Sekten auf juristischem Weg zu schützen, ist nicht einfach. Wenn die betagten Eltern die Besuche einer Sekte zulassen oder sogar wünschen, wenn die erwachsenen Kinder das Geld in – Ihrer Meinung nach unsinnige – Kurse stecken, dann haben Sie darauf keine Einflußmöglichkeit. Es sei denn, Sie können nachweisen, daß hier eine besondere Notlage ausgenutzt wird, daß der Betreffende nicht mehr in der Lage ist, für sich und seine Geschäfte verantwortlich zu handeln, oder aber wenn eine direkte Gefahr für das Leben besteht. In all diesen Fällen ist es möglich, per Gericht eine Person als nicht mehr geschäftsfähig erklären zu lassen. Damit bestünde die Möglichkeit zu einer gewissen Beschränkung des Umgangs. Allerdings reicht für die sehr starke juristische Maßnahme nicht aus, daß Sie der Meinung sind, daß die Person Ihr Erbe verschleudert.

87 Wie kann ich einem Familienmitglied helfen, das in eine Sekte geraten ist?

Es ist wichtig, Kontakt zu halten, damit im Fall einer Krise ein Ansprechpartner außerhalb der Gruppe vorhanden ist. Ebenso wichtig sind Informationen über die Gruppe, um zu verstehen, in welcher Gedankenwelt sich das Familienmitglied befindet. Man kann so die Gefühle und Reaktionsweisen besser einschätzen, die einem aus den bisherigen Erfahrungen ganz fremd vorkommen.

Die sachlichen Informationen sollten nicht zur Gegenmission eingesetzt werden, weil die meisten Gruppen ihre Mitglieder darauf schulen, wie man in einer solchen Situation reagieren muß. Es käme dann zu einem Missions-Kampf, der die Fronten verhärtet, einen menschlichen Umgang kaum noch möglich macht und vielleicht zum endgültigen Bruch führt. Neben dem Verständnis für die augenblickliche Situation sollen die Informationen vor allem dazu dienen, falsche Reaktionsweisen zu vermeiden, die die Situation noch mehr verhärten.

Wenn es Widersprüche in der Lehre gibt, kann eine Möglichkeit darin bestehen, den Betroffenen selber entdecken zu lassen, daß es Differenzen in der Lehre gibt. Die Wahrheit kann man nicht aufgedrängt bekommen, sondern man muß sie sich selber aneignen. So ist z. B. eine alte Ausgabe eines Lehrbuches, in dem es Widersprüche zur heutigen Lehre gibt, eine Gedankenanregung, um über die Lehre nachzudenken. Allerdings nicht, wenn man diese Wahrheit aufgenötigt bekommt.

88

Gibt es Tips, wie man sich auf dem Psycho- und Esoterikmarkt die Orientierung bewahren kann?

Der evangelische Weltanschauungsbeauftragte Kurt-Helmuth Eimuth hat 1997 eine Checkliste veröffentlicht, in der er sieben Ratschläge gibt, wie man sich auf dem Psycho- und Esoterikmarkt besser orientieren kann[91]:

»Unsere Seele ist kostbar. Wir sollten sorgsam mit ihr umgehen. Zur besseren Orientierung einige Tips:

1. Vorsicht bei allumfassenden Versprechungen nach dem Motto »Wenn du unser Angebot annimmst, werden alle deine Probleme innerhalb kürzester Zeit gelöst«. Schnelle Patentlösungen gibt es nicht.

2. Prüfen Sie die Organisationsform der Gruppierung und die Qualifikation der Leiter. Sie sollten sich nicht Menschen mit nur einer »internen Ausbildung« anvertrauen. Ein Abschluß an einer deutschen Universität ist Mindeststandard. Und: Schauen Sie sehr genau hin. Eine »Diplompaarpsychologin« ist z. B. etwas völlig anderes als eine Diplom-Psychologin.

3. Unterschrieben Sie niemals vor Ort. Lassen Sie sich alle Unterlagen mit nach Hause geben, besprechen Sie diese mit Ihrem Partner, Ihrer Partnerin. Sollten Sie keine Unterlagen ausgehändigt bekommen, oder wird Druck mit dem Hinweis auf ein einmaliges Angebot ausgeübt, ist äußerste Vorsicht geboten.

4. Behalten Sie immer Ihre persönlichen Papiere bei sich. Personalausweis und Reisepaß gehören nicht in die Hände von Dritten.

5. Einladungen zu kostenlosen Wochenenden oder Persönlichkeitstests sind erfahrungsgemäß lediglich For-

men intensiver Werbung. Lassen Sie sich dadurch nicht blenden. Überweisen Sie nicht voreilig Geld.

6. Bei Zweifeln hilft es oftmals, wenn Sie sich die Inhalte aller Telefonate, Besuche und Kontakte zu einer Gruppe aufschreiben. Das hilft bei der Klärung.

7. Im Zweifelsfall informieren Sie sich bei Beratungsstellen und Betroffeneninitiativen. Auch Pfarrämter helfen Ihnen gerne weiter.«

Abgesehen von der Frage, ob es immer ein Abschluß an einer deutschen Universität sein muß – es gibt auch ausgezeichnete und hochqualifizierte therapeutische Ausbildungen außerhalb der Universitäten – und von dem Hinweis auf Pfarrämter, in denen nicht immer ausreichende Kompetenz vorhanden ist, scheinen diese Hinweise im allgemeinen praktikabel zu sein.

WAS DER STAAT
TUN MUSS

89

Bedrohen Sekten den Staat?

Die Innenminister lassen die Scientology-Organisation vom Verfassungsschutz beobachten, weil sie offenkundig der Meinung sind, daß diese Gruppe für den Staat gefährlich werden könnte. Ein Blick in die Schriften von L. Ron Hubbard zeigt, welche Einstellung er zur Demokratie hatte:

»Es wird nirgendwo auf dem Planeten heute Demokratie praktiziert. Und soweit ich weiß, hat es noch nie eine gegeben, und auch im alten Griechenland gab es keine Demokratie.«[92]

»Jeder Mensch hat mit jedem anderen Menschen die gleiche reaktive Bank gemeinsam. Das ist das Maximum, was sie gemeinsam haben.

Die reaktive Bank – der unbewußte Verstand, wie immer Sie es nennen wollen – unterdrückt alle anständigen Impulse und fördert die schlechten.

Daher ist eine Demokratie ein Kollektivdenken von reaktiven Banken.[...] Scientology gibt uns unsere erste Gelegenheit, eine wirkliche Demokratie zu haben. [...]

Wir können also aufgrund echter Beweise schließen, daß die erste wahre Demokratie auftreten wird, wenn wir jedes Individuum von seinen bösartigen reaktiven Impulsen befreit haben. Solche Wesen können vernünftig urteilen, sich über anständige und praktische Maßnahmen einigen, und man kann sich darauf verlassen, daß sie zum Wohl gereichende Maßnahmen entwickeln.

Und bis wir das erreicht haben, werden wir gegenüber der menschlichen ›Demokratie‹ weiterhin kritisch eingestellt sein – und ebenso gegenüber jeglicher anderen politischen Philosophie, die dem Menschen als Heilung für seine Krankheiten angeboten wird.«[93]

»Demokratie ist nur in einer Nation von Clears möglich – und selbst sie können Fehler machen.«[94]

Es wird deutlich, daß Scientology eine andere Weltordnung will, die zwar als wahre Demokratie beschrieben wird, die aber ganz auf Scientology aufgebaut ist. In einem Vortrag aus dem Jahr 1962 entwirft Hubbard ein Bild, wie im Jahr 1970 Scientology langsam Regierungsverantwortung übernimmt.

»1970 etwa, könnte die Sache ziemlich genau so aussehen: Der Grundbaustein wäre das Distriktbüro. [...] Es hat etwa auf 10.000 Menschen Einfluß – nicht mehr als das. Das ist Ihr Grundbaustein [...] Soweit ich das sehen kann, gäbe es Geld in Hülle und Fülle. Und in der Zentralorganisation – ich schaue jetzt einfach noch ein wenig weiter in die Zukunft –, dort wird es einen politischen Offizier geben. Wollen Sie wissen, was geschieht, wenn Sie jeden in dieser Umgebung Clear gemacht haben? Das einzige, was aus diesem Zentrum gemacht werden kann, ist, daß es als politisches Zentrum genutzt wird. Dann werden Sie all dies getan haben, dann sind Sie die Regierung.

Ich gebe Ihnen nur eine kleine Vorschau auf 1970. Und mir scheint das wie eine Welt auszusehen, in der man die Straße entlang laufen könnte. Die Situation zwischen uns heute und jener Idee ist sehr viel enger beieinander, als Sie sich momentan vielleicht vorstellen. Sie ist schon fast wahr geworden.«

Scientology übernimmt, wenn nur genügend Menschen zum Clear geworden sind, die Regierung, weil sie den Einfluß über die Menschen hat. Aufgrund des Vortrags aus dem Jahr 1966 gibt es Befürchtungen, daß nur noch

Scientologen, wenn sie eine bestimmte Stufe erreicht haben, zur Wahl zugelassen würden. Dies wären dann Abgeordnete, die man aufgrund der Auditing-Sitzungen vollkommen durchleuchtet hätte. Es wäre ein Kinderspiel, auf sie Einfluß zu nehmen. Die Vorstellungen Hubbards gehen schließlich soweit, daß diejenigen, die nicht die richtige (scientologische) Denkungsart[95] haben, keine Bürgerrechte mehr besitzen.

>Vielleicht werden in ferner Zukunft nur den Nichtaberrierten die Bürgerrechte verliehen. Vielleicht ist das Ziel irgendwann in der Zukunft erreicht, wenn nur der Nichtaberrierte die Staatsbürgerschaft erlangen und davon profitieren kann. Dies sind erstrebenswerte Ziele, deren Erreichung die Überlebensfähigkeit und das Glück der Menschheit erheblich zu steigern vermöchten.«[96]

Unter diesen Bedingungen muß man davon sprechen, daß Scientology nicht demokratie-kompatibel ist, weil sie eine neue Weltordnung anstrebt, die ein totalitäres System unter der Leitung von Scientologen darstellt. Und auch wenn Scientology sein Ziel nie erreichen wird, stellt sie in meinen Augen eine potentielle Gefahr für den Staat dar.

90 Gibt es Sekten, die lebensgefährlich sind?

Am Beispiel der Zeugen Jehovas wurde schon deutlich gemacht, in welche Gefahr man sich begibt, wenn man deren Bibelauslegung folgt: Demnach verbietet Gott, daß die Menschen Blut zu sich nehmen. Selbst in einem

Notfall gilt dieses »göttliche« Gebot. Wenn man gegen das »Blutgenußverbot« verstößt, verliert man seinen Anspruch, später ewig im Paradies zu leben – eine lebensgefährliche Lehre, zumindest, wenn man bei einem Unfall sehr schnell einen Bluttransfusion benötigt.

91 Haben Sekten einen Anspruch auf eine freie Religionsausübung?

Im Grundgesetz der Bundesrepublik Deutschland ist die freie Religionsausübung garantiert. Darunter ist zu verstehen, daß jeder das verbürgte Recht hat, das zu glauben, was er möchte. Damit verbunden ist auch das Recht, den Glauben nach den Regeln seiner Religionsgemeinschaft oder seiner eigenen Vorstellung auszuüben. Dazu gehören religiöse Handlungen, Sitten und Gebräuche. Die Väter des Grundgesetzes sind der Meinung, daß ein Staat weder in der Lage noch dazu berechtigt ist, religiöse Überzeugungen zu bewerten. Eine Bewertung setzt nämlich voraus, daß man auf ein bestehendes Wertesystem zurückgreifen kann.

So gesehen haben auch Sekten ein Recht auf eine freie Religionsausübung. Allerdings gibt es zwei Einschränkungen. Auch Sekten müssen sich, wie alle anderen am gesellschaftlichen Leben beteiligten Gruppen, einer öffentlichen Diskussion über Lehre, Organisation und Praktiken stellen. Und wenn sie sich aus welchen Gründen auch immer an einer solchen Diskussion nicht beteiligen wollen, so müssen sie zumindest hinnehmen, daß eine solche Diskussion stattfindet. Der Wert der freien Religionsausübung ist aber kein absoluter Wert, dem sich alle anderen Werte unterzuordnen haben. Dies bedeutet, daß immer dann, wenn es zu Konflikten kommt, abzuwägen ist, ob vielleicht anderen, höherstehenden Werten der Vorzug zu geben ist, das heißt, daß in diesem konkreten Fall die Religionsausübung einzuschränken ist. Ein praktisches Beispiel dafür: Bei der Meditationstechnik, die Sant Thakar Singh selbst für Kleinkinder als verbindlich betrachtet (siehe auch *Frage 49*, Seite 96), ist zu prüfen, ob durch das stundenlange Meditieren, durch das Ausgießen des Ohres mit Silikon es nicht zu schwerwiegenden körperlichen und seelischen Schäden kommen kann. Wenn man dies bejaht, dann muß man die Religionsausübung hier einschränken oder gar verhindern, weil in unserem Wertesystem die körperliche und seelische Unversehrtheit eines Menschen und besonders eines Kindes über dem Recht der Religionsausübung steht.

92 Müssen Sekten vom Verfassungsschutz beobachtet werden?

Ausgelöst durch die Vorgänge um Scientology wurde die Frage laut, ob Sekten nicht prinzipiell vom Verfassungsschutz beobachtet werden müßten. Ziel einer solchen Beobachtung soll es sein, zu definieren, ob eine Organisation verfassungsfeindliche Ziele hat.

Doch es ist schwierig, welche Ziele als verfassungsfeindlich gelten. Muß eine Religion bereit sind, einen Staat und seine Institutionen aktiv zu bekämpfen, muß sie durch Terroranschläge – wie in Japan geschehen –

das öffentliche Leben lahmlegen, um als staatsfeindlich
eingestuft zu werden? Oder reicht es aus, daß eine Organisation versucht, möglichst viele Mitglieder in Schlüsselpositionen von Staat und Gesellschaft zu bringen, damit diese Einfluß ausüben können?

93 Sollte man die Sekten nicht besser verbieten?

Auf der Suche nach einem wirksamen Schutz vor gefährlichen Sekten wird immer wieder die Forderung laut,
daß bestimmte Sekten verboten werden sollten. Damit
soll zum einen verhindert werden, daß sie öffentlich für
sich und ihre Anliegen werben können. Zum anderen
soll eine leichtere rechtliche Handhabung möglich sein,
wenn diese Gruppen weiter aktiv sind.

Ich halte von einem Sektenverbot nichts, denn dadurch schafft man nur Märtyrer. Ein Verbot paßt genau
in das Weltbild der meisten Gruppen: Wir werden verfolgt von der »bösen Welt« – ein Zeichen dafür, daß wir
auf dem richtigen Weg sind. Letztlich bestätigt man
durch ein Verbot die Welt-Anschauung der Gruppe. Für
mich ist die richtige Handlung: beobachten und bei Ver-
stößen gegen Recht und Gesetz diese auch verfolgen.
Darüber hinaus ist für mich eine *religiöse Verbraucherbe-*
ratung die angemessene Verhaltensweise. Aufgrund von
soliden Hintergrundinformationen ist es dann möglich
zu erkennen, welche Anbieter sich auf dem religiösen
Markt tummeln und wie ihr genaues Angebot aussieht.
Eine solche Verbraucherberatung unterscheidet sich na-

türlich von der Sektenwerbung, indem sie auch auf die kritischen Punkte in der Lehre der Organisation und auf mögliche Gefahren hinweist.

94 Übertreibt man nicht maßlos in der öffentlichen Diskussion?

Gelegentlich kann man tatsächlich den Eindruck gewinnen, daß die Diskussion um Sekten in einer überzogenen Weise geführt wird.

Besonders wenn es um die staatlichen Verhaltensweisen geht, sind sehr schnell übertriebene Forderungen zu hören. Besonders Familienangehörige und Ehemalige, die sehr unter ihrem Schicksal leiden, suchen schnelle und radikale Lösungen für ihre Probleme. Dies ist nur allzu verständlich, wenn man weiß, wie schmerzhaft die Sekten-Kontakte sein können. Das persönliche Schicksal wird verallgemeinert und als allgemeingültiger Maßstab gesehen.

Trotz dieser Sachverhalte bin ich der Meinung, daß die Sektenproblematik ein wichtiges Thema ist. Ich plädiere deshalb für eine sachliche, behutsame und faire Diskussion, die sowohl die Einzelschicksale berücksichtigt als auch eine Gesamtstrategie im Auge behält.

95 Versuchen Sekten politischen Einfluß zu nehmen?

Wie alle Gruppen und Organisationen versuchen auch Sekten, ihre eigenen Interessen zu vertreten. Dazu gehört sicher auch die politische Einflußnahme. Die Frage ist, wann die Grenze des Akzeptablen überschritten ist: Wenn ein Bürgermeister im Taunus für seine Gemeinde Millionenbeträge an Geld- und Sachleistungen von einer Sekte aushandelt, im Gegenzug die Gemeindeversammlung die Bebauungspläne so ändert, wie es die Sekte wünscht, dann ist meiner Meinung nach die Grenze des Akzeptablen bereits weit überschritten.[97] Aber dies ist erst einmal nicht der Sekte vorzuwerfen, sie hat es versucht und hatte das Glück, einen Politiker zu treffen, der einem solchen Ansinnen aufgeschlossen gegenüberstand. Für mich ist es eine Frage der politischen Moral, ob und wie man mit solchen Versuchen umgeht. In Zeiten immer leererer Kassen in den öffentlichen Haushalten ist es verständlich, daß ein Politiker für jede Geldquelle dankbar ist, die seinen Haushalt ein bißchen auffüllt. Aber man sollte sich dann auch mit der Gruppe, der Organisation und der Lehre auseinandersetzen, bevor man indirekt die Expansion der Gruppe unterstützt. Es mag zwar sein, daß in solchen Fällen dann nach Recht und Gesetz entschieden wurde, aber vielleicht müßte auch noch politische Vernunft und moralische Integrität hinzukommen.

96

Wann muß der Staat eingreifen?

Ich sehe insgesamt drei Bereiche, in denen der Staat
überprüfen muß, ob er in gesetzlicher Weise aktiv werden will: a) Immer dann, wenn die körperliche und geistige Unversehrtheit eines Menschen auf dem Spiel
steht, sei es durch fragwürdige Erziehungsmethoden,
sei es durch fragwürdige Kursmethoden. Hierzu gehört
auch, daß Mitarbeiterinnen und Mitarbeiter von staatlichen Stellen für die Sektenproblematik sensibilisiert
werden müssen. Es besteht sonst die Gefahr, daß sie
blauäugig und naiv entscheiden. b) Immer dann, wenn
es um Arbeitsverhältnisse geht, ist sehr genau zu prüfen,
ob die bisherigen gesetzlichen Regelungen zum Schutz
der Menschen ausreichen. Meiner Einschätzung nach
gibt es hier einen gesetzlichen Handlungsbedarf, weil
einige Gruppen geschickt Gesetzeslücken ausnützen,
um die menschliche Arbeit auszubeuten. Ich bin der
Meinung, daß es nicht angeht, daß ein Mensch sein Leben lang für eine Gruppe arbeitet und am Ende nicht
ausreichend sozial abgesichert ist, so daß er – notfalls
auch ohne Gnadengaben der Gruppe – seinen Lebens-
abend würdig bestreiten kann. c) Die meisten Sekten
haben eine interne Gerichtsbarkeit. Damit werden Ver-
stöße gegen die Verhaltensregeln der Gruppe geahndet.
Hier muß der Staat ein Eigeninteresse daran haben, zu
überprüfen, ob die sekteninterne Gerichtsbarkeit mit der
weltlichen Rechtsordnung vereinbar ist. Unser Rechts-
system geht davon aus, daß jeder Bürger unveräußerlich
einen gewissen Rechtsschutz[98] genießt. Unter dem Man-

tel der Religion darf dies nicht aufgehoben werden. Im Zweifelsfall muß darauf gedrungen werden, daß der Mindeststandard auch bei den internen Verfahren eingehalten wird.

97 Warum ist es für Sekten attraktiv, als Körperschaft des öffentlichen Rechts anerkannt zu werden?

Die Religionsfreiheit ist durch das Grundgesetz in der Bundesrepublik Deutschland geschützt. Danach darf jeder seine eigene weltanschauliche Überzeugung haben und diese auch vertreten. Niemand darf wegen seiner Überzeugung benachteiligt werden.

Unter die Religionsfreiheit fällt auch die Kultusfreiheit, das bedeutet, daß Menschen das Recht haben, sich zur Ausübung ihrer religiösen Kulte zu versammeln.

Die Anerkennung als Körperschaft des öffentlichen Rechts (KdöR) hat mit der grundgesetzlich garantierten Religionsfreiheit nichts zu tun. Vielmehr bekommen bestimmte Gruppen durch die Körperschaftsrechte die Möglichkeit, sich vom Staat in bestimmten Bereichen finanziell unterstützen zu lassen, sie brauchen bestimmte Steuern nicht zu zahlen etc.

Diese Vorteile sind natürlich für viele Gruppen sehr attraktiv, weil sie sich in barer Münze auszahlen. So ist es verständlich, daß Gruppen in letzter Zeit versucht haben, diesen Status zu erreichen. Sie argumentieren damit, daß sie den großen Religionsgemeinschaften gleichgestellt werden wollen. Richtig ist, daß sie als KdöR mit den Kirchen gleichgestellt würden, falsch ist meiner

Meinung nach, daß die Verleihung der Körperschaftsrechte auch Ausdruck der Religionsfreiheit ist.

Formal ist die Verleihung nur davon abhängig, daß
eine »Gewähr der Dauer« gegeben ist. Das bedeutet, daß
die Gruppe aufgrund ihrer Größe und Geschichte die
Gewähr bietet, daß sie auf Dauer existiert. Religiöse Ein-
tagsfliegen sind damit von der Verleihung ausgeschlossen. Darüber hinaus ist aber die Frage, ob die Demokratie
nicht auch das Recht hat, einige wenige inhaltliche
Punkte zu überprüfen. Zum Beispiel die Frage, inwie-
fern die Organisation die Ablösung der demokratischen
Instanzen anstrebt. Oder muß der Staat Institutionen unterstützen, die letztlich anstreben, irgendwann den Staat,
die Demokratie durch ein totalitäres System ablösen
wollen? Ich bin der Meinung: nein!

98 Was gehen den Staat die Sekten an?

Im Gegensatz zum Mittelalter, in dem der Fürst bestimmen konnte, was seine Untertanen zu glauben haben, befinden wir uns heute in einer Epoche, in der der Staat
weltanschaulich neutral ist. Neben seiner Neutralität ist
der Staat auch verpflichtet, dafür zu sorgen, daß der einzelne Bürger seine Religion ungestört ausüben kann. Er
muß die Religions- und Kultusfreiheit garantieren.

So gesehen gehen den Staat die Sekten erst einmal
nichts an. Aber trotzdem gibt es zwei Bereiche, in denen
der Staat reagieren muß. Wenn eine Religionsgemeinschaft vom Staat eine finanzielle oder organisatorische

Unterstützung erwartet, dann ist es im ureigensten Interesse des Staates, daß er prüft, ob und wieweit er zur Unterstützung verpflichtet ist. Es ist ja z. B. nicht einzusehen, warum der Staat einer Organisation mit Geld bei deren Ausbreitung hilft, wenn diese Organisation die Ablösung der staatlichen Institutionen und die Übernahme der Herrschaft zum Ziel hat. Einige Gruppen haben mehr oder weniger offen solche Ziele in ihrem ›Programm‹, wenn sie von paradiesischen Zuständen oder der geretteten Welt sprechen. Sicher kann man nicht in allen Fällen von staatsfeindlichen Zielen sprechen, weil sie so ungenau und vage sind, aber sie sind zumindest nicht staatskompatibel. Und es ist doch nicht einzusehen, warum der Staat seine eigene Abschaffung auch noch fördern und unterstützen sollte.

Immer dann, wenn der Verdacht besteht, daß eine religiöse Gruppe oder die Mitglieder einer solchen Gruppe gegen bestehende Regeln und Gesetze verstoßen, muß der Staat aktiv werden. An anderer Stelle wurde schon verdeutlicht, daß es keine absolute Religionsfreiheit gibt, unter deren Deckmantel alles möglich ist. Immer dann, wenn eines der Grundrechte oder der sie schützenden Gesetze verletzt wird, kann keine Rücksicht mehr auf religiöse Überzeugungen genommen werde. Wenn z.B. das Recht auf seelische Unversehrtheit auf dem Spiel steht, dann muß der Staat eingreifen, auch wenn dadurch kurzfristig die Religionsfreiheit eingeschränkt wird.

So gesehen ist es eine ureigene Aufgabe der staatlichen Behörden, sich auch darüber zu informieren, welche Gruppen auf dem weltanschaulichen Supermarkt arbeiten und was deren Ziele und Methoden sind.

99 Werden in Deutschland Sekten und ihre Mitglieder verfolgt?

Die Vertreter von Sekten bringen immer wieder in die Diskussion, daß in Deutschland wie auch in Österreich ein Klima der religiösen Intoleranz herrsche, ja daß sie als Religionsgemeinschaft und deren Sympathisanten verfolgt würden. Scientology stellt im Inland wie auch im Ausland sogar die Behauptung auf, daß die augenblickliche Diskussion über Scientology mit der Judenverfolgung im Dritten Reich zu vergleichen sei. Auch die Zeugen Jehovas haben in der Darstellung ihrer Opferrolle im NS-Deutschland einige Sätze, die man als Gleichstellung der damaligen Vorgänge mit der heutigen Diskussion über diese Gruppe verstehen kann.

Solche Vergleiche können im Ausland dann auf besonders fruchtbaren Boden fallen, wenn dort bereits Ängste vor Deutschland oder anti-deutsche Ressentiments bestehen. Nur so ist es zu erklären, daß das amerikanische Parlament oder einzelne Senatoren die Sichtweise von Scientology aufgenommen und sich formell über die Verfolgung einer religiösen Gruppe in Deutschland beschwert haben.

Wenn man unterscheidet zwischen einer fairen, aber auch kritischen Diskussion über Sektenlehren, Methoden und Organisationsformen und einer Sektenverfolgung, dann muß man sagen, daß im Augenblick eine teilweise sehr kritische Diskussion stattfindet. Man wird sicher zugeben müssen, daß es Bereiche gibt, in denen diese Diskussion sehr unschöne Züge hat, vor allem dann, wenn es um Personen und Persönliches geht. Mir

gefällt z. B. nicht, daß man manchmal – auf beiden Seiten – nicht mehr zu unterscheiden vermag, was bereits
unqualifizierte persönliche Angriffe sind, und was noch
sachliche Diskussion ist.

Trotz dieser gelegentlichen Auswüchse kann man
kaum von einer »Verfolgung« sprechen. Natürlich ist es
den meisten Gruppen nicht lieb, daß über sehr interne
Dinge, die teilweise die Mitglieder noch nicht einmal
genau kennen, öffentlich diskutiert wird. Aber das ist das
Wesen einer Demokratie, nicht aber einer Verfolgung!

Statt eines Nachwortes

Mit einer Sekte ist es wie mit einem ...

... gläsernen Irrgarten auf einem Jahrmarkt. Die Sekten schaffen es, Interessierte in die Mitte eines solchen Glasgefängnisses zu führen. Dort angekommen, versprechen sie, dem Menschen zu helfen: ›Schau dich ruhig einmal um. So sieht die Welt aus! Überall kann man sich den Kopf anstoßen, und alleine findet man sich hier nicht zurecht. Wir können dir aber helfen, daß du dich zurechtfindest, ohne daß du dir den Kopf anstößt. Wir haben dazu ein paar Regeln und Hilfsmittel, die dich unterstützen werden: ein Kompaß, einige Karten und Bücher. Du mußt dich nur an diese Regeln halten und die Hilfsmittel fleißig benutzen!‹

Während der Neuling mit den Hilfsmitteln versucht, sich langsam zurechtzufinden, wird der einzige Ausgang nach außen abgeschlossen bzw. durch einen Wächter bewacht. Der neue Anhänger ist tatsächlich zu Beginn der Meinung, daß er durch die Zeitschriften und Bücher die Bibel besser verstehen kann. Und auch die gelegentlichen Begegnungen mit anderen in dem Irrgarten, die scheinbar wissen, wie es geht, wird als wohltuend empfunden. Durch die Glasscheiben können immer noch die Umwelt, die Familie, die Freunde und Bekannten gesehen werden. Seine positiven Empfindungen möchte er an andere weitergeben, und so ist er bereit, Freunde, Bekannte und Unbekannte ebenfalls in den Irrgarten zu bringen. Aber je länger man sich in der Sekte aufhält, je überzeugter man von den Lehren ist, um so undeutlicher wird der Blick in die Außenwelt. Einige Glasscheiben werden im Laufe der Jahre sehr matt und schmutzig, einige wurden von der Führung gegen Zerrspiegel ausgetauscht. Irgendwann einmal sind die Besucher der Meinung, daß alle Menschen sich in diesem gläsernen Irrgarten befinden, auch die, die in Wirklichkeit davor stehen. Aber nur die Sektenmitglieder hätten den Kompaß, um sich zurechtzufinden. Daß die Sekte eine skurrile Jahrmarktsattraktion, aber nicht die Welt ist, wird nicht mehr wahrgenommen. Und den Plan, die Organisation der Attraktion, bekommt selbstverständlich kein einfaches Mitglied zu sehen. Es muß immer weitergehen in der Hoffnung, ein Ziel zu finden.

Je länger der Gang durch den Glaskasten dauert, je weiter das Mitglied in den Gängen vorangeschritten ist, um so wichtiger wird der Kompaß. Auch wenn es ein manipulierter Kompaß ist, der in die falsche Richtung zeigt, ihn jetzt wegzulegen würde bedeuten, nie mehr aus dem Kasten herauszukommen. Sich einfach auf seine Vernunft und seine Gefühle zu verlassen, würde bedeuten, daß man sich viele blaue Flecken an den Glaswänden holt. Und das trauen sich Sektenmitglieder selten.

Bei der Begegnung mit anderen bestätigt man sich gegenseitig, daß man auf dem richtigen Weg sei, auch wenn der einzelne dem Kompaß schon lange nicht mehr traut.

Durch Zufall oder durch eine persönliche Lebenskrise kommt das Sektenmitglied an einem Ausgang vorbei. Aber dort steht ein Wächter, der davor warnt, diesen Ausgang zu benutzen. Denn vor der Jahrmarktsbude funktionieren Kompaß und Karte nicht mehr. Aus Angst, dieses letzte Hilfsmittel zu verlieren, gehen viele mit dem Blick auf den Kompaß am Ausgang vorbei in der Hoffnung, den richtigen Weg zu finden. Und sie werden jeden warnen, einen Ausgang zu benutzen, da der Kompaß dann nicht mehr funktionieren würde.

Der Ausstieg ist nicht einfach. Hat man einmal die Jahrmarktsbude verlassen, funktionieren die manipulierten Hilfsmittel tatsächlich nicht mehr. Daß man sich selber frei bewegen kann, ohne von Glaswänden eingeschränkt zu werden, ist ebenfalls sehr irritierend. Die wiedererlangte Freiheit muß neu gelernt werden. Und nicht alle Sektenmitglieder halten dies aus: Sie suchen nach neuen gläsernen Irrgärten, die vielleicht breitere Wege und bessere Hilfsmittel und Regeln haben.

ANHANG

Literaturverzeichnis

Überblick/Lexika

Arbeitskreis Neue Jugendreligionen (Hrsg.), Erste Auskunft Sekten: Okkultismus, Esoterik, neue Religiosität. Leipzig 1994.
Eggenberger, Oswald, Die Kirchen, Sondergruppen und religiösen Vereinigungen. Zürich 1990.
Gasper, Hans, u.a., Lexikon der Sekten, Sondergruppen und Weltanschauungen. Freiburg i. Brsg. [5]1997.
Hemminger, Hansjörg, Was ist eine Sekte? Mainz 1995.
Hutten, Kurt, Seher, Grübler, Enthusiasten. Stuttgart 1989.
Reller, Horst (Hrsg.), Handbuch religiöser Gemeinschaften. Freikirchen, Sondergemeinschaften, Sekten, Weltanschauungen, missionierende Religionen des Ostens. Gütersloh 1985.
Schmidtchen, Gerhard, Sekten und Psychokulte. Freiburg i. Brsg. 1987.

Zeugen Jehovas

Bergmann, Jerry R., Jehovas Zeugen und das Problem der seelischen Gesundheit. München 1994.
Brünning, Erich, Sind Zeugen Jehovas Christen? Bad Liebenzell 1991.
Franz, Raymond, Der Gewissenskonflikt. München 1988.
Franz, Raymond, Auf der Suche nach christlicher Freiheit. Essen 1997 (auf CD-Rom).
Gebhard, Manfred, Die Zeugen Jehovas – Eine Dokumentation über die Wachtturmgesellschaft. Leipzig 1970.
Jonson, Carl Olf, Die Zeiten der Nationen näherbetrachtet. Altenberg 1992.
Köppl, Elmar, Die Zeugen Jehovas – Eine psychologische Studie. München 1990.
Pape, Günther, Ich war Zeuge Jehovas. Augsburg 1993.

Pape, Günther, Die Zeugen Jehovas: Ich klage an. Augsburg 1999.

Rausch, Ulrich/Kaiser, Eva Maria, Die Zeugen Jehovas – Ein Sektenreport. München [2]1999.

Rausch, Ulrich/Schüssler, Ute, Jehovas Zeugen – Daten, Dokumente, Hintergründe. Frankfurt am Main [2]1998.

Türk, Eckhard, Die Zeugen Jehovas kommen. Limburg 1996.

Twisselmann, Hans-Jürgen, Der Sekten-Konzern – Der Wachtturmkonzern der Zeugen Jehovas. Gießen 1995.

Twisselmann, Hans-Jürgen, Die Zeugen Jehovas. Wuppertal 1991.

Twisselmann, Hans-Jürgen, Jehovas Zeugen – die Wahrheit, die frei macht. Gießen 1992.

Wass, Barbara, Leben in der Wahrheit – 12 Jahre Zeugin Jehovas. Salzburg 1989.

Wass, Barbara, Wenn Religion zur Waffe wird. Salzburg 1993.

Weber, Herbert, u.a. Die Zeugen Jehovas. Zwischen Bewunderung und Befremdung. Freiburg i. Brsg. 1994.

Weis, Christian, Zeugen Jehovas – Zeugen Gottes? Salzburg 1985.

Scientology

Branahl, Mathias/Christ, Angelika, Scientology: Anmerkungen für die wirtschaftliche Praxis. Köln 1994.

von Billerbeck, Liane/Nordhausen, Frank, Der Sekten-Konzern – Scientology auf dem Vormarsch. Berlin 1993.

Caberta, Ursula/Träger, Gunther, Scientology greift an – Der Inside-Report über die unheimliche Macht des L. Ron Hubbard. Düsseldorf [2]1997.

Christ, Angelika/Goldner, Steven (Hrsg.), Sekten in der Wirtschaft: Wie man sich vor Scientology schützen kann. Frankfurt am Main. o. J.

Haack, Friedrich-W., Scientology – Magie des 20. Jahrhunderts. München 1982.

Hemminger, Hansjörg, Scientology: Der Kult der Macht. Stuttgart 1997

Herrmann, Jörg (Hrsg.), Mission mit allen Mitteln. Der Scientology-Konzern auf Seelenfang. Reinbek 1994.

Innenministerium Nordrhein-Westfalen (Hrsg.), Scientology – eine Gefahr für die Demokratie: Eine Aufgabe für den Verfassungsschutz. Düsseldorf 1996.

Potthoff, Norbert J., Was ist Scientology? Die Zeitbombe in unserer Gesellschaft – wie Scientology Menschen manipuliert. Krefeld [6]1994.

Steiden, Hans Peter/Hamerink, Christine, Einsteins falsche Erben. Die unheimliche Macht von Dianetik und Scientology. Wien 1992.

Valentin, Friederike/Knaupp, Horand (Hrsg.), Scientology – Der Griff nach Geld und Macht. Freiburg i. Brsg. [3]1994.

Voltz, Tom, Scientology: Ein Insider packt aus – Hintergründe – Fakten – Dokumente. Freiburg i. Brsg. 1997.

Geheimbünde/Okkultismus/Satanismus und andere Gruppen

Dannwolf, Siegfried, Gottes verlorene Kinder. Gütersloh 1996

Hammerstein, Oliver von, Ich war ein Munie. München 1983.

Hauth, Rüdiger, Die Kinder Gottes. München [5]1981.

Hummel, Reinhart, Gurus in Ost und West. Stuttgart 1984.

Mirbach, Wolfram, Universelles Leben – Die einzig wahren Christen? Freiburg i. Brsg. 1996.

Rausch, Ulrich, Die verborgene Welt der Geheimbünde; Mit dem Lexikon der okkulten Zeichen, Symbole und Rituale. Augsburg 1999.

Rausch, Ulrich, Geister, die ich rief: Okkultismus an der Jahrtausendwende. Frankfurt am Main 1998.

Rausch, Ulrich, u.a., Geister – Glaube: Arbeitshilfe zu einigen Fragen des Okkultismus. Düsseldorf 1991.

Stamm, Hugo, Im Bann von Sucht und Macht. Zürich 1995

Stoffel, Olaf, Angeklagt: Die Neuapostlische Kirche. Erfahrungen eines Aussteigers. Gütersloh 1999.

Beratungsadressen

Die folgenden Stellen stehen als Beratungs- und Informationsdienst zur Verfügung. Trotz der Ausführlichkeit mit über 77 Adressen erhebt die Liste keinen Anspruch auf Vollständigkeit und stellt im konkreten Einzelfall keine Bewertung der genannten wie der nicht genannten Beratungsstellen dar.

Im Rahmen eines Taschenbuches ist es nicht möglich, alle Stellen, die sich im deutschsprachigen Raum mit Sekten beschäftigen, zu nennen. Deshalb wurden im Vorfeld im In- und Ausland 140 Stellen, die sich mit dieser Problematik beschäftigen, angeschrieben. Auswahlkriterium für diese 140 Adressen war die geographische Streuung, eine gewisse Ausgewogenheit zwischen den staatlichen, katholischen, evangelischen Stellen, den freien Beratungsstellen und den Selbsthilfegruppen. Von diesen haben dann die folgenden 77 sich damit einverstanden erklärt, als Ansprechpartner für die Leserinnen und Leser dieses Buches zur Verfügung zu stehen. Allerdings sind die Leistungen, die die verschiedenen Stellen erbringen können, von unterschiedlicher Natur. Nicht alle bieten eine Beratung und/oder therapeutische Begleitung an. Besonders staatliche Stellen können dies in der Regel nicht leisten. So haben z. B. die Stellen des Landes Hessen die Hauptaufgabe, den behördlichen Handel in Sektenfragen zu koordinieren. Gleichwohl sind aber die meisten in der Lage, kompetente Hilfe zu speziellen Fragen anzubieten. Es empfiehlt sich deshalb, bei dem Erstkontakt zu klären, ob und was der Gesprächspartner leisten kann. Im Zweifelsfall ist es kein Problem, sich an andere Stelle verweisen zu lassen.

Im Zeitalter der elektronischen Kommunikation haben einige Stellen bereits E-Mail Adressen und eigene Homepage-Seiten eingerichtet, auf denen aktuelle Informationen abgerufen werden können. Einige Stellen, zum Beispiel die Bundesstelle für Sektenfragen in Wien, richten im Augenblick solche Möglichkeiten ein. Alle zum Stichtag bestehenden Informationen wurden in dieser Liste berücksichtigt. Die Adressen wurden, auf die drei Länder aufgeteilt, alphabetisch nach Städten geordnet.

Deutschland

Kath. Beauftragter für Sekten und Weltanschauungsfragen
im Bistum Dresden Meißen
Gerald Kluge
Bischof-Benno-Haus
Schmochtitz 1a
D-02627 Bautzen
Tel.: 03 59 35/2 33 54
Fax: 03 59 35/2 33 54
E-Mail Adresse: gerkluge@aol.com

Senatsverwaltung für Schule, Jugend und Sport
Frau Rühle
Beuthstraße 6-8
D-10117 Berlin
Tel.: 0 30/90 26 55 74
Fax: 0 30/90 26 50 10
Homepage: http://www.senjs.berlin.de (»Risiken + Nebenwirkungen«)
E-Mail Adresse: Briefkasten@sensjs.verwalt-berlin.de

KASW-Berlin
Pater Klaus Funke OP
Oldenburger Straße 46
D-10551 Berlin
Tel.: 0 30/39 89 87 42
Fax: 0 30/39 73 22 01
E-Mail Adresse: PfunkeOp@t-online.de

Landeskirchliches Pfarramt für Sekten- und Weltanschauungsfragen der Ev. Kirche in Berlin-Brandenburg
Pfr. Thomas Gandow
Heimat 27
D-14165 Berlin
Tel.: 0 30/8 15 70 40
Fax: 0 30/8 15 47 96
Homepage: http://www.ekibb.com/seels/sekten/svw/-tvu.htm
E-Mail Adresse: berliner.dialog@dialogzentrum.de

Artikel 4-Initiative für Glaubensfreiheit e.V.
Walter Krappatsch
Postfach 101202
D-44712 Bochum
Tel.: 0 23 25/6 04 42

Sekten-Info Bochum Verein zur Förderung des Sekteninfos
Alfred Labusch
Amtsstraße 4
D-44809 Bochum
Tel.: 02 34/57 81 56
Fax: 02 34/9 57 93 01
Sprechstunde: Mo–Fr 9.00–11.00 und nach Vereinbarung

Bundesministerium für Frauen und Jugend – Referat 22
Regierungsdirektor Thomas Thomer
Rochusstraße 8–10
D-53123 Bonn
Tel.: 02 28/9 30 28 84
Fax: 02 28/9 30 49 11
Homepage: http://www.bmfsfj.de
E-Mail Adresse: poststelle@bmfsbj.bund400.de

Ev.-Luth. Propstei, Stadtkirchenverband Braunschweig
Armin Kraft
Schützenstraße 23
D-38100 Braunschweig
Tel.: 05 31/4 71 80
Fax: 05 31/47 18 47
Sprechstunde: täglich 11.00–17.00

Sektenberatung Bremen e.V.
Bernhard Brünjes
Postfach 101543
D-28015 Bremen
Tel.: 0 42 05/16 09
Fax: 0 42 05/16 09
E-Mail Adresse: Bernhard.Bruenjes@t-online.de

**Senator für Frauen, Gesundheit, Jugend,
Soziales und Umweltschutz –
Anlaufstelle für Bürgerfragen zu sog. Sekten**
M. Lehmkuhl
Hanseatenhof 5
D-28195 Bremen
Tel.: 04 21/3 61 92 67
Fax: 04 21/36 11 08 75
E-Mail Adresse: lehmkuhl.m@umwelt.bremen.de

**Landeskirchenamt der Ev. Luth. Landeskirche
Schaumburg-Lippe**
Dr. Werner Führer
Herderstraße 27
D-31675 Bückeburg
Tel.: 0 57 22/96 00
Fax: 0 57 22/9 60 10
E-Mail Adresse: LKA-Bueckeburg@t-online.de

**Aktion Jugendschutz Sachsen e.V. –
Landesarbeitsstelle Jugendschutz (ajs)**
Fachreferent Dieter Heinrich
Albert-Köhler-Straße 91
D-09122 Chemnitz
Tel.: 03 71/21 16 39 od. 21 22 33
Fax: 03 71/21 22 32
Homepage: http://www.jugendschutz.de
E-Mail Adresse: ajssachsen@t-online.de

Beauftragter der Ev. Kirche von Hessen-Nassau
Dr. Fritz Huth
Elisabethenstraße 51
D-64283 Darmstadt
Tel.: 0 61 51/17 54 37
Fax: 0 61 51/17 54 40

**Beauftragter für Sekten und Weltanschauungsfragen
der Ev. Kirche von Westfalen**
Dr. Rüdiger Hauth
Olpe 35
D-44135 Dortmund
Tel.: 02 31/54 09 60
Fax: 02 31/54 09 66

Sächsisches Staatministerium für Kultus
Hedwig Deipenwisch-Ruscher
Carolaplatz 1
D-01097 Dresden
Tel.: 03 51/5 64 27 15
Fax: 03 51/5 64 28 87

Referat Sekten- und Weltanschauungsfragen
der Ev. Kirche im Rheinland
Joachim Keden
Rochusstraße 44
D-40479 Düsseldorf
Tel.: 02 11/36 10-2 46 od. -2 53
Fax: 02 11/3 61 02 23
Sprechstunde: Mo–Do 9.00–16.00, Fr 9.00–14.00

Ev-Luth. Kirche in Thüringen –
Beauftragter für Weltanschauungsfragen
Dr. Friedrich Büchner, KR
Fritz-Koch-Straße 7
D-99817 Eisenach
Tel.: 0 36 91/21 55 72
Fax: 0 36 91/21 55 72

Landesarbeitsgemeinschaft Kinder- und Jugendschutz
Thüringen e.V.
Ingo Weidenkaff
Johannesstraße 19
D-99084 Erfurt
Tel.: 03 61/6 44 22 64
Fax: 03 61/6 44 22 65
E-Mail Adresse: jugendschutz.thueringen@aol.com

Sekten-Info Essen e.V.
Rottstraße 24
D- 45127 Essen
Tel.: 02 01/23 46 46/48
Fax: 02 01/20 76 17
Sprechstunde: Mo–Fr 10.00–12.30, 13.00–15.30

Sinus – Sekteninformation und Selbsthilfe Hessen e.V.
Rechneigrabenstraße 10
D-60311 Frankfurt am Main
Tel.: 0 69/92 10 56 34
Homepage: http://www.dike.de//SINUSsekteninfo/index.html
Sprechstunde: Telefon-Hotline Mittwochs von 19.00–21.00

**Beauftragter für Religions- und Weltanschauungsfragen
der Diözese Limburg**
Lutz Lemhöfer
Eschenheimer Anlage 21
D-60318 Frankfurt am Main
Tel.: 0 69/1 50 11 49
Fax: 0 69/1 50 11 59

**Referat Sekten und Weltanschauungsfragen
der Diözese Fulda**
Ferdinand Rauch
Amand-Ney-Straße 22
D-36037 Fulda
Tel.: 06 61/60 22 05
Fax: 06 61/60 22 05

**Beauftragter für Weltanschauungsfragen der
Ev.-Luth. Landeskirche Hannovers**
Ingolf Christiansen
Nikolausberger Weg 73
D-37073 Göttingen
Tel.: 05 51/5 97 65
Fax.: 05 51/48 71 75
E-Mail Adresse: www.ichgoe@t-online.de

**Beauftragter für Sekten u. Weltanschauungsfragen
des Erzbistums Hamburg**
Michael Sobania
Niels-Stensen-Weg 1
D-23936 Grevesmühlen
Tel.: 0 38 81/23 24
Fax: 0 38 81/71 96 79
E-Mail Adresse: kath.pfarramt-grevesmuehlen@t-online.de

**Arbeitsgemeinschaft Kinder- und Jugendschutz e.V.
Arbeitsbereich Weltanschauung und religiöse Gruppierungen**
Hellkamp 68
D-20255 Hamburg
Tel.: 0 40/40 17 22 72
Fax: 0 40/40 17 22 92
Homepage: http://www.jugendschutz.de
E-Mail Adresse: ajs-HH@t-online.de
Telefonische Sprechstunde: Mi 15.30–19.00, Fr 13.30–17.00

Behörde für Schule und Jugendbildung – Amt für Jugend –
Hamburger Straße 37
D-22083 Hamburg
Tel.: 0 40/29 88 39 01

Arbeitskreis »Religiöse Gemeinschaften« der VELKD
Richard-Wagner-Straße 26
D-30177 Hannover
Tel.: 05 11/6 26 12 27
Fax: 05 11/6 26 12 11

Bischöfliches Generalvikariat – Referat Sekten und Weltanschauungen
Marion Hiltermann
Domhof 18–21
D-31134 Hildesheim
Tel.: 0 51 21/30 73 37
Fax: 0 51 21/30 75 05

Ev. Kirche der schlesischen Oberlausitz
Jörg Michel
Postfach 3344
D–02965 Hoyerswerda
Tel.: 0 35 71/97 20 73
Fax: 0 35 71/41 42 27

Beauftragter für Weltanschauungsfragen der Ev. Landeskirche in Baden
Pfr. Dr. Jan Badewien
Postfach 2269
D-76010 Karlsruhe
Tel.: 07 21/9 17 53 57 und -3 59
Fax: 07 21/9 17 53 63
Sprechstunde: in der Regel vormittags

Beauftragter für Sekten- und Weltanschauungsfragen der Ev. Kirche von Kurhessen-Waldeck
Eduard Trenkel
Wilhemshöher Allee 330
D-34131 Kassel
Tel.: 05 61/9 37 82 43
Fax: 05 61/9 37 84 24
Sprechzeiten: Mo–Fr 9.00–12.00

**Informationsstelle Sekten bei der Ministerpräsidentin
des Landes Schleswig-Holstein**
Marianne Kovacs
Düsternbrocker Weg 64
D-24100 Kiel
Tel.: 04 31/9 88 18 80
Fax. 04 31/9 88 18 82

Erzbistum Köln
Werner Höbsch
Marzellenstraße 32
D-50668 Köln
Tel.: 02 21/16 42 13 13
Fax: 02 21/16 42 17 00

**IDZ Arbeitsgemeinschaft Kinder- und
Jugendschutz NRW e.V.**
Dipl.-Psych. Beate Roderigo, Dr. Stefan Schlang
Poststraße 15–23
D-50676 Köln
Tel.: 02 21/9 21 39 20
Fax: 02 21/92 13 92 20
Sprechstunde: Mo–Do 10.00–16.00, Fr 10.00–13.00

KIDS – Kinder in destruktiven Kulten e.V.
Jutta Birlenberg
Bogenstraße 11
D-51375 Leverkusen
Tel.: 02 14/5 57 60
Fax: 02 14/5 57 75
Hompage: http://www.sewolf.com/infolink/kids/
E-Mail Adresse: KIDS_e.V.@t-online.de

Elterninitiative zur Wahrung geistiger Freiheit e.V.
Ursula Zöpel
Geschwister-Scholl-Straße 28
D-51377 Leverkusen
Tel.: 0214 / 58372
Fax: 0214 / 506264

**Beauftragter des Jugendamts der Stadt Lübeck
für Sekten und Psychokulte**
Eberhard Arent
Schildstraße 12
D-23539 Lübeck
Tel.: 04 51/1 22 57 40
Fax: 04 51/1 22 41 06

**Ministerium für Kultur, Jugend, Familie und Frauen
des Landes Rheinland-Pfalz**
Brigitte Dewald-Koch
Mittlere Bleiche 61
D-55116 Mainz
Tel.: 0 61 31/16 43 82
Fax: 0 61 31/16 20 19

Bildungswerk der Diözese Mainz
E. Türk
Grebenstraße 24–26
55116 Mainz
Tel.: 0 61 31/25 32 84

Beauftragter der Pommerschen Ev. Kirche
Friedrich von Kymmel
Dorfstraße 50
D-17406 Morgenitz/Usedom
Tel.: 03 83 72/7 02 51
Fax: 03 83 72/7 02 65
E-Mail Adresse: Pfarramt-Morgenitz@t-online.de

**Bayrisches Staatsministerium für Unterricht
Informationsstelle für Angelegenheiten von Psychokulten
und Psychosekten**
Salvatorstraße 2
D-80333 München
Tel.: 0 89/21 86 25 68
Fax: 0 89/21 86 28 00

**Kath. Landesarbeitsgemeinschaft Kinder- und
Jugendschutz NW e.V.**
Georg Bienemann
Salzstraße 8
D-48143 Münster
Tel.: 02 51/5 40 27
Fax: 02 51/51 86 09

**Ev. Arbeitskreis für Kinder- und Jugendschutz
(Diak. Werk Westfalen)**
Peter Winde
Friesenring 32
D- 48147 Münster
Tel.: 02 51/2 70 93 90 oder -3 91
Fax: 02 51/2 70 95 73
Sprechstunde: 9.00–12.00, 14.00–15.30

Beauftragter für Sekten- und Weltanschauungsfragen
der Diözesen Bamberg und Eichstätt
Ludwig Lanzhammer
Vordere Sterngasse 1
D-90402 Nürnberg
Tel.: 09 11/24 44 95 11
Fax: 09 11/24 44 95 19

Erzbischöfliches Generalivikariat
– Sektenbeauftragter –
Domplatz 3
D-33098 Paderborn
Tel.: 0 52 51/12 50
Fax: 0 52 51/12 54 70

Bischöfliches Seelsorgeamt – Referat für Religions-
und Weltanschauungsfragen
Martin Göth
Innbrückgasse 13a
D-94032 Passau
Tel.: 08 51/39 33 66

Bischöfliches Ordinariat – Referat Religions-
und Weltanschauungsfragen
Postfach 9
D-72101 Rottenburg/Neckar
Tel.: 0 74 72/16 95 86
Fax: 0 74 72/16 96 09

Ministerium für Frauen, Arbeit, Gesundheit und Soziales
des Saarlandes
Walter Burgard
Franz-Josef-Röder-Straße 23
D-66119 Saarbrücken
Tel.: 06 81/5 01 31 18
Fax: 06 81/5 01 31 39
E-Mail Adresse: vzabtc@mifags.x400.saarland.de

Ministerium für Bildung, Wissenschaft und Kultur
Mecklenburg-Vorpommern
Dr. Sigrid Hermes
Werderstraße 124
D-19055 Schwerin
Tel.: 03 85/5 88 71 90
Fax: 03 85/5 88 70 82
Homepage: http://www.kultus-mv.de
E-Mail Adresse: s.hermes@kultus-mv.de
Sprechstunde: Mo–Fr 9.00–12.00 und nach Vereinbarung

VITEM e.V.
Jeanette Schweitzer
Ensheimer Straße 125
D-66386 St. Ingbert
Tel.: 0 68 94/87 04 52
Fax: 0 68 94/87 04 52

Arbeitsstelle für Weltanschauungsfragen der Ev. Kirche in Württemberg
Dr. Hansjörg Hemminger / Pfr. Walter Schmidt
Postfach 101352
D-70012 Stuttgart
Tel.: 07 11/2 06 82 37
Fax: 07 11/2 06 83 22

ABI Aktion Bildungsinformation e.V.
Dr. Helga Lerchenmüller
Alte Poststraße 5
D-70173 Stuttgart
Tel.: 07 11/2 27 00 74
Fax: 07 11/29 93 30
Homepage: http://www.abi.kr-netzwerk.de
E-Mail Adresse: abi@kr-netzwerk.de

Selbsthilfe-Initiative für Aussteiger aus der NAK
Bernd Stöhr, Siegfried Dannwolf, Volker Benedikt
Marienstraße 9
D-70178 Stuttgart
Tel.: 07 11/6 40 61 17
Fax: 07 11/6 07 45 61
Homepage: http://www.rzstud.rz.uni-karlsruhe.de/~ughl/kiss/
E-Mail Adresse: volkerbenedikt@swol.de
Sprechstunde: 2. Samstag im Monat, 15.00 Uhr, Gruppe

Bistum Aachen – Beratungsdienst für Weltanschauungsfragen
Herbert Busch
Beeker Straße 115
D-41844 Wegberg
Tel.: 0 24 34/67 78
Fax: 0 24 34/2 50 55
Tel. Sprechzeiten: Mo 10.00–12.00, 16.00–18.00/Fr 11.00–13.00

Hessisches Ministerium des Inneren und für Landwirtschaft, Forsten und Naturschutz – Ansprechstelle Scientology –
Bettina Macik
Friedrich-Ebert-Allee 12
D-65185 Wiesbaden
Tel.: 06 11/35 32 84
Fax: 06 11/35 33 43

Hessisches Ministerium für Umwelt, Energie, Jugend, Familie und Gesundheit – Ref. VIII 11 –
Herr Dr. Kindermann, Frau Schwarz, Frau Kosmetschke
Dostojewskistraße 4
D-65187 Wiesbaden
Tel.: 06 11/8 17-33 39, 8 17-36 15; 8 17-37 12
Fax: 06 11/8 17-36 51
Homepage: http://www.mujfg.hessen.de
E-Mail Adresse: walter.kindermann@mujfg.hessen.de

Österreich

Referat für Weltanschauungsfragen der Diözese Eisenstadt
Bernhard R. K. J. Dobrowsky
St.-Rochus-Straße 21
A-7000 Eisenstadt
Tel.: 0 26 82/77 73 21
Fax: 0 26 82/77 72 52
Sprechstunde: nach Voranmeldung wochentags 8.00–15.00

Referat für Weltanschauungsfragen der Diözese Feldkirch
Franz Schönberger FSC
Carinagasse 11
A-6800 Feldkirch
Tel.: 0 55 22/34 30-12 (15)
Fax: 0 55 22/34 30 11
Sprechstunde: Mo 13.00–17.00/Di 10.00–12.00
u. n. Vereinbarung

Sektenberatungsstelle der Evangelischen Kirche
Jürgen Schäfer
Ardetzenbergstraße 4
A-6800 Feldkirch
Tel.: 0 55 22/7 20 81
Fax: 0 55 22/7 20 81
E-Mail Adresse: evangel.pfarr.feldkirch@vol.at.

**Beratungsstelle für Sekten- und Weltanschauungsfragen
der Evangelischen Kirche Steiermark**
Pfarrer Herwig Hohenberg
Kaiser-Josef-Platz 9
A-8010 Graz
Tel.: 03 16/81 10 25
Fax: 03 16/32 14 47 16
Homepage: http.//www-theol.kfunigraz.ac.at/wss/wss.html
E-Mail Adresse: herwig@bpas01.kfunigraz.ac.ar

Netzwerk – Verein gegen destruktive Kulte
Pestalozzistraße 50
A-8010 Graz
Tel.: 03 16/68 82 99
Mo–Fr 11.30–17.00

Referat für Weltanschauungsfragen der Diözese Innsbruck
Wolfgang Mischitz
Riedgasse 9
A-6020 Innsbruck
Tel.: 05 12/2 23 05 57
Fax: 05 12/2 23 05 58
Sprechstunde: Di, Mi, Do von 8.00 bis 12.30
und nach Vereinbarung

**Referat für Weltanschauungsfragen der Diözese
Gurk-Klagenfurt**
Mag. Maria Vrecar
Tarrviser Straße 30
A–9020 Klagenfurt
Tel.: 04 63/5 87 71 25
Fax: 04 63/5 87 73 99

**Beratungsstelle für Sekten und Weltanschaungsfragen
der Evangelischen Kirche Steiermark**
Pfarrer Wolfgang Salzer
c/o Evangelisches Pfarramt Leoben
Jahnstraße 1
A-8700 Leoben
Tel.: 0 38 42/4 20 01
Fax: 0 38 42/42 00 14
E-Mail Adresse: Wolfgang.Salzer@unileoben.ac.at

**Beratungsstelle für Sekten und Weltanschauungsfragen
der Diözese Linz**
Andreas Girzikovsky
Kapuziner Straße 84
A-4020 Linz
Tel.: 07 32/76 10 32 31
Fax: 07 32/76 10 32 39
E-Mail Adresse: Bibelwerk@dioezese-linz.or.at
Sprechstunde: Donnerstag 9.00–12.00/13.00–17.00

Ökumenischer Verein für Sektenaufklärung
Herbert Gruber, Maria Gruber
Arbeiterheimstraße 50
A-4662 Steyermühl
Tel.: 0 76 13/87 98
Fax: 0 76 13/87 98
E-Mail Adresse: sekten.aufkl@magnet.at
Sprechstunde: Mo–Do 9.00–11.00; pers. Beratung nach Voranmeldung

Netzwerk – Verein gegen destruktive Kulte
Rathausgasse 8
A-9500 Villach
Tel.: 0 42 42/21 44 30 od. 06 63/9 63 32 53
Sprechstunde: Mo, Di, Do, Fr: 8.30–12.00; Mi 13.00–17.00

Sektenbeauftragter der Evangelischen Kirche
Johannes Spitzer
Italienerstraße 38
A-9500 Villach
Tel.: 0 42 42/2 41 31-22
Fax: 0 42 42/2 41 31-31
E-Mail Adresse: sektenreferat@evang.at
Sprechstunde: Dienstag 15.00–18.00

**Sektenbeauftragter der Evangelischen Kirche
im Burgenland**
Mag. Stephan Strohriegel
Haupstraße 117
A-7331 Weppersdorf
Tel.: 0 26 18/24 01
Fax: nach Anmeldung
E-Mail Adresse: sektenreferat-bgld@evang.at
Sprechstunde: nach Vereinbarung

Bundesstelle für Sektenfragen
Dr. German Müller
Wollzeile 12/19
A-1010 Wien
Tel.: 01/5 13 04 60
Fax: 01/5 13 04 60 30

Erzdiözese Wien
Dr. Friederike Valentin
Stephansplatz 6/IV/56
A-1010 Wien
Tel.: 01/5 15 52 33 84
Fax: 01/5 15 52 33 16
E-Mail Adresse: rfw@ed-wien.or.at
Sprechstunde: Mo-Do: 8.00–16.30, Fr: 8.00–14.00

Gesellschaft gegen Sekten- und Kultgefahren
Obere Augartenstraße 26–28
A-1020 Wien
Tel.: 01/3 32 75 37
Fax: 01/3 32 75 13
E-Mail Adresse: gsk@m.xpoint.at
Sprechstunde: Donnerstag, 10.00–15.00

Sektenberatungsstelle der Evangelischen Kirche A.B. Wien
Pfarrer Mag. Sepp Lagger
Thalia Straße156
A-1160 Wien
Tel.: 01/4 86 52 97
Fax: 01/4 86 52 97
E-Mail Adresse: evng.pfarre.1160@xpoint.at
Sprechstunde: Dienstag 16.00–18.00 oder nach Vereinbarung

Schweiz

Ökumenische Arbeitsgruppe »Neue religiöse Bewegungen«
Kath. Arbeitsstelle »Neue Religiöse Bewegungen«
der Schw. Bischofskonferenz
Pfarrer Joachim Müller
Wiesenstraße 2
CH-9436 Balgach
Tel.: 0 71/7 22 33 17
Fax: 0 71/7 22 33 17
Homepage: www.kath.ch.infosekten

CEDOFOR
Marie-Thérèse Bouchardy
Rue Jacques Dalphin 18
CH-1227 Carouge
Tel.: 0 22/8 27 46 78
Fax: 0 22/8 27 46 70
Sprechstunde: 9.00–12.00, 14.00–17.00

Dokumentationsstelle »Neue religiöse Bewegungen«
Gabriella Loser-Friedli
Rte d'Englisberg 9
CH-1763 Granges-Paccot
Tel.: 0 26/3 00 74 48
Fax: 0 26/3 00 97 64
Homepage: http://www.kath.ch.beratung
E-Mail Adresse: Gabriella.Friedli@unifr.ch
Öffnungszeiten: Mo–Fr 8.30–11.30, 14.00–18.00

Evangelische Informationsstelle: Kirche, Sekten, Religionen
Dr. Georg Schmid
Im Städtli 79
CH-8606 Greifensee
Tel.: 01/9 40 19 73
Fax: 01/9 40 19 73
Homepage: http://www.ref.ch/zh/infoksr
E-Mail Adresse: infoksr@ref.ch
Sprechstunde: Mo–Fr 9.00-13.00

Ökum. Beratungsstelle Religiöse Sondergruppen & Sekten
Martin Scheidegger
Matthofring 4
CH-6006 Luzern
Tel.: 0 41/3 60 78 19
Fax: 0 41/3 60 78 01
Homepage: http://staedte.ch/lu/beratungsstellen/sekten
E-Mail Adresse: sektenberatung@pilatusnet.ch
Sprechstunde: Mo, Mi 9.00–12.00 und 13.00–17.00

Kath. Pfarramt St. Theodul
Marcel Margelisch
Sr. Théodule 14
CH-1950 Sitten
Tel.: 0 27/3 22 32 23
Fax: 0 27/3 22 32 23
Beratung: telefonisch

Anmerkungen

[1] P. Utzteufel, Tutto ciò che si vuole sapere sulle sette, Argenta, 1965, S. 63.

[2] Vergleiche zu diesem Fall: Rausch, Ulrich/Kaiser, Eva Maria. Die Zeugen Jehovas – Ein Sektenreport. München, 1998, S. 85 ff.

[3] Aus: Sekten-Wissen schützt. Herausgegeben vom Bundesministerium für Umwelt, Jugend und Familie, Wien., o. J. S. 7.

[4] Manipulation = Versuch, Menschen zu Handlungen, Gedanken oder Gefühlen zu bewegen, die sie unter anderen Umständen nicht hätten. Manipuliert wird, indem man die Informationen, die den Hintergrund für ein Gefühl, einen Gedanken oder eine Handlungsentscheidung bilden, dem Menschen vorenthält oder so wahrheitswidrig verändert, daß der Mensch sich in der gewünschten Weise verhält.

Den Manipulierten wird in der Regel nicht bewußt, daß und in welcher Weise sie manipuliert werden.

[5] Unter Produkt verstehe ich auch Kurse und Seminare.

[6] Die Gruppen, die eine solche Argumentation benutzen, machen sich meistens nicht klar, daß sie damit letztlich Gott die Schuld für die »falschen Lehren« in die Schuhe schieben.

[7] Besonders bei Gruppen, die durch das Verteilen von großen Mengen an Druckschriften auffallen, hat sich bewährt, Lehränderungen langsam einzuführen: Bestimmte Aussagen werden in neuen Veröffentlichungen nicht mehr gemacht, in einigen Bereichen gibt es kleine, fast unmerkliche Akzentverschiebungen, und nach einigen Heften oder Büchern kann man einige eigene Schriften zitieren und so nachweisen, daß man die neue Lehre schon immer vertreten habe.

8 Endbericht der Enquete-Kommission »Sogenannte Sekten und Psychogruppen, Bonn, 9.6.1998, Drucksache 13/10950, S. 22.

9 In diesem Zusammenhang kann man auf eine schon etwas ältere Untersuchung von Gerhard Schmidtchen verweisen (Schmidtchen, Gerhard: Sekten und Psychokulte, Freiburg i. Brsg. 1987, S. 19ff.). Er hat die Verkehrsfähigkeit des Sektenbegriffs untersucht und dabei festgestellt, daß der Begriff eine hohe Akzeptanz und Eindeutigkeit hat. Man weiß, wovon man spricht, wenn man Sekten sagt. Selbst auf die Frage, welche Gruppen als Sekten angesehen werden, gibt es eine hohe Übereinstimmung.

10 Ein Blick in die Bildersprache, mit der Sekten das Ende und das nachfolgende »Paradies« zu beschreiben suchen, zeigt, daß die Bilder in den meisten Fällen sehr naiv anmuten. So, wie man sich Friede, Freude und ewige Gesundheit und Jugend vorstellt, so wird das »Paradies« auch gemalt. Vielleicht sprechen solche Bilder menschliche Urbedürfnisse an. Auch wenn sie in der rationalen Reflexion als albern oder naiv abgetan werden, wirken sie doch auf einer anderen menschlichen Ebene. Indem Harmonie und Gesundheit ausgedrückt werden, die man im alltäglichen Leben nicht erfährt, ist die evtl. kitschige Darstellung das Spiegelbild der inneren Sehnsucht.

11 So beschreibt Charles T. Russell (1852–1918), der Gründer der Zeugen Jehovas (damals Ernste Bibelforscher), mit eigenen Worten, was für ihn das Wesen einer Sekte ist. Die Frage heute ist, ob sich die Zeugen Jehovas nicht an diesem Maßstab selber messen lassen müssen. Sind sie eine Gruppe, die genauso agiert, wie es ihr Gründer von einer Sekte beschreibt? Legt sie den Menschen Fesseln und Ketten an, und soll das Mitglied seine eigene Meinung übersehen und Nachforschungen vermeiden?

12 Auf deutsch: »Alles ist möglich!«

13 Aus diesem Grund ist es auch verständlich, warum manche

europäische Diskussion über Scientology in Amerika nicht verstanden wird. Siehe dazu auch Frage 99, S. 166.

[14] Dies setzt allerdings voraus, daß man Scientology unter dem Stichwort »Religion« abhandelt. Bei genauerem Hinsehen kann man an dieser Einschätzung berechtigte Zweifel üben. Dazu siehe Frage 63, Seite 118.

[15] »Echt – Das Magazin Ihrer evangelischen Kirche. Für Mitglieder kostenlos«. Frankfurt am Main, 4/1998, S. 7. Im folgenden stelle ich eine gekürzte und überarbeitete Version vor, die bei einigen Punkten zusätzliche Aspekte ins Spiel bringt.

[16] Wachtturm Bibel- und Traktatgesellschaft, Selters/Taunus, 1996. Der entsprechende Absatz ist auf S. 88f. zu finden.

[17] Unter Rebellion muß man verstehen, daß sich ein Mensch gegen die von Gott vorgegebenen Maßstäbe und gegen seine Organisation wendet. Der Rebell ist der Feind Gottes, der Gott und seine Gefolgsleute beharrlich bekämpft. Der oberste Rebell ist der Satan selber, der die Rebellion gegen Gott anführt.

[18] Für diejenigen, die die Verwendung des Bibelzitates durch die Zeugen reflektieren wollen: In der angegebenen Bibelstelle geht es nicht um Kinder und Familien. Johannes behandelt in den Versen davor die Frage, wie die Gemeinde mit Irrlehrern, die schon zur damaligen Zeit in Umlauf waren, umgehen sollen. Die Christen sollen genau prüfen, was für Lehren sie zu hören bekommen und feststellen, ob sie mit den überlieferten Grundfesten des Glaubens übereinstimmen. Wenn dies nicht der Fall ist, dann sollen die Lehrer nicht in die Gemeinde, in das Haus aufgenommen werden.

[19] L. Ron Hubbard, Das Handbuch für ehrenamtliche Geistliche, 1980. S. 629f.

[20] Fachleute kritisieren an diesem Programm sowohl die Art, wie der Drogenentzug geschieht, als auch das Fehlen von wissenschaftlichen Untersuchungen, die etwas über die tatsächlichen Ergebnisse aussagen. Von seiten der Kritiker

wird der Verdacht geäußert, daß diese Programme eher Bestandteil der Öffentlichkeitsarbeit von Scientology sind.

21 Gasper/Müller/Valentin. Lexikon der Sekten, Sondergruppen und Weltanschauungen. Freiburg i. Brsg. ⁵1997, Spalte 703ff.

22 So waren z. B. die Sonnentempler vor ihrer ersten Tat nicht nur der breiten Öffentlichkeit unbekannt, auch Experten wußten kaum etwas über die Gruppe, ihre Organisation, die Lehre und Rituale.

23 Dieser sehr eigenartige Begriff stammt aus der internen Sprache. Damit ist gemeint, daß ein Mitglied wieder auf den Pfad zurück gebracht werden soll, der von der Gruppe vorgezeichnet wurde. Wenn ich das »zurechtbringen« höre, schwingt bei mir immer der Begriff »zurechtbiegen« mit, eine gewaltsame Vorstellung, wie man mit Menschen umgeht. Vielleicht ist bei mir diese Assoziation durch die vielen Erfahrungsberichte entstanden, in denen Menschen davon berichten, wie man versucht hat, sie zu verbiegen?

24 L. Ron Hubbard, Die Kritiker der Scientology in: Freiheit – unabhängige Zeitschrift für Menschenrechte Juli/August 1997, München, S. 4.

25 L. Ron Hubbard, Critics of Scientology, 05.11.1967.

26 L. Ron Hubbard, Department of Gouvernment Affairs, 15.08.1960.

27 HCO-Executive-Letter, 5. September 1966, zitiert nach Branahl, Matthias, Christ, Angelika Scientology – Anmerkungen für die wirtschaftliche Praxis, ²1995, Köln, S. 29.

28 »Rons Journal 67« Tonbandvortrag, zitiert nach Voltz, Scientology, S. 122.

29 Monokausal = nur auf einen Grund zurückgehend.

30 Konversion = Wechsel der Glaubensgemeinschaft.

31 Im World Institute of Scientology Enterprises (WISE) sind Firmen und Unternehmensberater zusammengeschlossen, die die Verwaltungstechnologie von Hubbard in Industrie und Wirtschaft verbreiten.

[32] Präambel der Vertragsversion von 1991; zitiert nach Voltz, Scientology, S. 119.

[33] L. Ron Hubbard, HCO Policy Letter vom 31.01.1983.

[34] L. Ron Hubbard, Das Handbuch für ehrenamtliche Geistliche, 1980. S. 629f.

[35] L. Ron Hubbard, Professionell Auditor's Bulletin Nr. 32, 24.08.1954.

[36] Der heute negativ besetzte Begriff »Ketzer« stammt ursprünglich aus dem Griechischen und bedeutet rein. Damit war gemeint, daß man die reine, unverfälschte Lehre vertritt.

[37] Vergleiche dazu: Gasper/Müller/Valentin. Lexikon der Sekten, Sondergruppen und Weltanschauungen. Freiburg i. Brsg. [5]1997, Spalte 207ff.

[38] Die Überzeugung, daß in kurzer Zeit/zu einem festgesetzten (bekannten) Termin das Ende der Welt kommt, und in der wenigen verbleibenden Zeit noch möglichst viele Menschen errettet werden müssen, erzeugt bei den einzelnen Mitgliedern unter Umständen einen besonderen Druck, für die Gruppe tätig zu sein.

[39] Die Zahl wurde von der Wachtturm-Gesellschaft für das Jahr 1997 veröffentlicht.

[40] Mit dem Begriff des »religiösen Supermarkts« versuchen Soziologen eine gesellschaftliche Veränderung zu beschreiben. Religiöse Angebote werden mit den Angeboten in einem Laden verglichen. Der einzelne ist nicht mehr von Anfang an auf eine Konfession für ewig festgelegt, sondern er kann im Laufe des Lebens seine Konfession unter Umständen mehrfach wechseln. Nachfrage und Angebot bestimmen sich dabei wechselseitig, Werbung um den Kunden spielt eine große Rolle, und eine gewisse Wechselbereitschaft anstelle einer Produkttreue werden vorausgesetzt.

[41] Aus verschiedenen, nicht zusammenhängenden Quellen wird etwas Neues entwickelt. Dabei gehen die besonderen Eigenheiten der Urtexte meist verloren.

[42] Vergleiche zur Diskussion um Rockmusik: Rausch, Ulrich. Geister, die ich rief... – Okkultismus an der Jahrtausendwende. 1998, Frankfurt/Main, S. 80ff.

[43] Martin Lell, Das Forum – Protokoll einer Gehirnwäsche, dtv- Taschenbuch. Landmark Education hat versucht, gegen den Untertitel des Buches zu klagen, ist aber damit aber vor Gericht gescheitert.

[44] Christian F. Jäggi. Fundamentalismus, Zürich, 1991.

[45] Zitiert nach: Haupt, Michael, Bahá'i in: Erste Auskunft Sekten, Leipzig 1994, S. 21f.

[46] Dieses Leitungsgremium wurde nach internen Machtkämpfen 1963 eingerichtet.

[47] Sie sind zum ersten Mal komplett in deutsch abgedruckt in: Rausch, Ulrich: Die verborgene Welt der Geheimbünde; Mit dem Lexikon der okkulten Zeichen, Symbole und Rituale, Augsburg 1999.

[48] Diese stammen aus dem freimaurerischen Ritual. Siehe dazu auch *Frage 44*, S. 89.

[49] Loge ist sowohl der Name für den Versammlungsort der Freimaurer als auch der Name der Versammlung, die die Freimaurer im Tempel abhalten. Die Loge wird nach einem über 200 Jahre alten Ritual eröffnet und abgeschlossen. An eine geöffnete Loge sind einige Kriterien gebunden: es muß sicher gestellt sein, daß die Loge gedeckt ist, daß heißt, daß man außerhalb der Loge nicht hören kann, was in der Loge vorgeht, daß in der Loge nur Freimaurer anwesend sind, die den Grad (Lehrling/Geselle/Meister) haben, in dem die Loge stattfindet, und bestimmte Kultgegenstände wie Kerzenleuchter, ein Teppich, Hammer, Zirkel etc. müssen vorhanden sein. Innerhalb der Loge kann dann miteinander diskutiert werden, allerdings soll es dabei zu keinem Streit kommen – deshalb werden Religion und Politik ausgeklammert –, und in manchen Logen kann man nur indirekt miteinander sprechen, daß heißt, man muß immer den Meister vom Stuhl ansprechen, auch wenn man jemand anderen meint.

[50] Unter Beförderung versteht man, daß man in einen höheren Grad (Geselle/Meister) aufgenommen wird. Dies geschieht immer in einem festlichen Akt, bei dem ein besonderes Ritual mit dem Beförderten vollzogen wird.

[51] Stand 31.12.1998.

[52] Koch, Kurt E.: Okkultes ABC. 1988, Lauterbach, S. 434.

[53] Harder, Bernd: Die übersinnlichen Phänomene im Test. 1996, Augsburg.

[54] Zitiert nach: Eimuth, Kurt-Helmuth, Sektenratgeber, 1997, Freiburg im Breisgau, S.154f. Der Vater des Jungen ist zu sechs Monaten auf Bewährung, die Mutter zu zwei Monaten auf Bewährung und Gerda A. ebenfalls zu sechs Monaten auf Bewährung wegen Kindesmißhandlung verurteilt worden.

[55] Die Anhänger sollen vegetarisch leben und auf Sexualität, auch innerhalb der Ehe, möglichst verzichten.

[56] Zitiert nach Eimuth, Kurt-Helmuth, Sekten-Kinder, 1996, Freiburg i. Brsg., S. 56.

[57] Zitiert nach Eimuth, Kurt-Helmuth, Sekten-Kinder, 1996, Freiburg i. Brsg., S. 56.

[58] Thakar Singh, Rundbrief zur Vorbereitung der Kinder Gottes für Gott und in Gott, zitiert nach der Broschüre ›Spirituelle Erziehung der Kleinsten‹ o. Hrsg. und J., S. 2ff: zitiert nach Eimuth, Kurt-Helmuth, Sekten-Kinder, 1996, Freiburg im Breisgau, S. 57f.

[59] Friedrich-Wilhelm Haack definierte Jugendreligionen 1974 unter anderem dadurch, daß sie gezielt junge Menschen anwerben, die sich in einer »schwierigen seelischen Situation« befinden.

[60] MO-Brief 1200 vom 18.12.1982, zitiert nach: Haupt, Michael, Kinder Gottes in: Erste Auskunft Sekten, Leipzig 1994, S. 101.

[61] MO-Brief 1083 vom 1.1.1982, zitiert nach: Haupt, Michael, Kinder Gottes in: Erste Auskunft Sekten, Leipzig 1994, S. 101.

[62] Der Hinduismus kennt verschiedene Götter-Gestalten, die jeweils geschlechtlich definiert sind.

[63] Zitiert nach: Das neue Zeitalter, 2/89, Hamburg, S. 17.

[64] Dies ist eine stellvertretende Taufe für bereits Verstorbene, damit diese auch die Möglichkeit haben, in das Himmelreich zu gelangen. Ebenfalls werden alle Einweihungen auch stellvertretend für Verstorbene durchgeführt.

[65] Vergleiche dazu: Rausch, Ulrich: Die verborgene Welt der Geheimbünde, Augsburg 1999.

[66] Zitiert nach: Haupt, Michael, Vereinigungskirche in: Erste Auskunft Sekten, Leipzig 1994, S. 190.

[67] Haupt, Michael, Fiat Lux in: Erste Auskunft Sekten, Leipzig 1994, S. 60.

[68] Damit ist gemeint, daß alleine die Schrift die Quelle des Glaubens und der Lehre sein kann. Man unterscheidet sich damit von der katholischen Vorstellung, daß auch die Tradition eine solche Bedeutung beigemessen bekommt.

[69] Vergleiche zum Folgenden: Rausch, Ulrich, Die Zeugen Jehovas: Ein Sektenreport, München 1998, S. 187 ff.

[70] Christliche Mysterienschule – Die Hohe Schule des Geistes, Würzburg 1991, S. 2.

[71] Würzburg ²1984, S. 55.

[72] Vergleiche dazu *Anmerkung 77*, S. 205.

[73] Nach Auskunft Gasper/Müller/Valentin (Hrsg.). Lexikon der Sekten, Sondergruppen und Weltanschauungen. Freiburg i. Brsg. ⁵1997, Spalte 1108 ist diese Gemeinde identisch mit den Überlebenden des Weltendes. In unzähligen Katastrophen, schlimmer als alles bisher Gewesene, soll das Ende der Welt eingeleitet werden. Die Überlebenden werden in einem tausendjährigen Friedensreich auf Erden leben, danach soll Christus erscheinen.

[74] Die Brücke zur völligen Freiheit, 1993, o.O.

[75] Bei seinen Konzerten spielt er vom Flügel bis zu den exotischsten Instrumenten eine ungezählte Anzahl von Instrumenten selber.

[76] Dies geschieht allerdings nicht im offiziellen Auftrag!

[77] Vorstellung, daß das menschliche Leben unter dem Gesetz des Karmas steht. Jedes menschliche Leben ist dadurch mitbestimmt, wie man sein voriges Leben geführt hat. Und mein zukünftiges Leben wird durch mein Handeln in diesem Leben bestimmt. Die hinduistische Vorstellung zielt nicht darauf ab, möglichst oft zu Reinkarnieren (wiedergeboren zu werden), sondern man möchte durch Vervollkommnung erreichen, den Kreislauf des Karmas zu verlassen. An diesem Punkt wird deutlich, wie bestimmte religiöse Vorstellungen mißverstanden werden, wenn sie aus ihrem kulturellen Horizont herausgelöst und in einen neuen Kontext übertragen werden: der westliche Mensch sieht die Wiedergeburt als erstrebenswerte Chance an, während der Hinduist mitnichten die Wiedergeburt anstrebt.

[78] = verändern.

[79] Das Zweite Vatikanische Konzil (1962–1965) war die bisher letzte große Kirchenversammlung der Katholischen Kirche. Vertreter der gesamten Kirche trafen sich in Rom zu mehreren Sitzungsperioden, um die aktuellen Fragen der Kirche zu diskutieren. Ergebnis waren unter anderem eine Reform der Liturgie, des Kirchenrechtes und eine Neubestimmung des Verhältnisses zu anderen Glaubensgemeinschaften.

[80] Dazu zählen die Dekrete über die Ökumene, die Dogmatische Konstitution der Kirche, das Dekret über die nichtchristlichen Religionen, das Dekret über die Religionsfreiheit und das Dekret über die Kirche in der modernen Welt.

[81] Dieser Ritus wurde auf dem Konzil von Trient (1545–1563) festgelegt als Gegenreaktion auf die Reformation. Zur Bedeutung des Konzils von Trient: Rausch, Ulrich, Christentum kurz gefaßt, 1998, Frankfurt am Main.

[82] Die in der nachkonziliaren Kirche verbreitete Handkommunion wird als Sakrileg angesehen.

[83] Das heißt, ab diesem Zeitpunkt darf er keine Priester mehr weihen.

[84] Vergleiche zum Folgenden: Rausch, Ulrich, Die Zeugen Jehovas: Ein Sektenreport, München 1998, S. 187ff., und Rausch, Ulrich, Jehovas Zeugen: Dokumente, Daten, Hintergründe, Frankfurt am Main, 1998, S. 102f.

[85] Hubbard-Richtlinie vom 28. Dezember 1978, zitiert nach Voltz, Scientology, S. 236.

[86] Hubbard-Richtlinie vom 23. Mai 1965, zitiert nach Voltz, Scientology, S. 226.

[87] Scientology-Richtlinie vom 27. Mai 1980, zitiert nach Voltz, Scientology, S. 238.

[88] Von besonderem Interesse sind hier u. U. die persönlichen Lebensumstände von Mitbewohnern. So kann man Personen herausfiltern, die besonders ansprechbar sind.

[89] Ausnehmen möchte ich hier ausdrücklich jene Gruppen, bei denen das Verkaufen von Kursen und Waren im Mittelpunkt steht. Bei solchen Gruppen könnte eine andere Motivation im Vordergrund stehen: Wenn ich einen neuen Kunden gewonnen habe, steige ich in den Hierarchie auf bzw. bekomme ich einen Rabatt auf neue Kurse, die ich absolvieren möchte.

[90] In Fragen des Sorgerechts muß man allerdings feststellen, daß Gerichte und Familienpflege nicht überall die Sektenproblematik in der ganzen Tragweite erkannt haben.

[91] Checkliste für kritische Leute. In: Kurt-Helmuth Eimuth (Hrsg.) Gott, Jehova, Krishna oder was? Kurzinformationen zu Sekten und religiösen Strömungen. 1997, Frankfurt am Main, S. 32.

[92] Hubbard-Vortrag am 1. November 1966, Government and Organization.

[93] L. Ron Hubbard, Politik, Aufsatz 13. Februar 1965.

[94] Hubbard-Aufsatz vom 2. November 1970, The Theory of Scientology Organization.

[95] Im folgenden Text werden sie als Aberrierte bezeichnet.

[96] Hubbard L. Ron, Dianetik. Die moderne Wissenschaft der geistigen Gesundheit, 1984, Kopenhagen, S. 487.

[97] Vergleiche dazu: Rausch, Ulrich: Die Zeugen Jehovas –
Ein Sektenreport, München 1998.

[98] Dazu gehören der Anspruch auf Verteidigung, die Möglichkeit der Akteneinsicht und die Möglichkeit der Berufung.

Register